San Francisco

Kay Dohnke

Reisen mit Erlebnis-Garantie

MERIAN-TopTen
Was Sie unbedingt sehen sollten

MERIAN-Tipps
Persönliche Empfehlungen
unserer Autoren

MERIAN-Bewertung

Nicht zu übertreffen

Herausragend
Sehr gut

Für Familien
Für Eltern mit Kindern besonders
geeignet

Tourenplaner

Damit Sie leichter ans Ziel kommen

INHALT

- 4 **Eine Stadt stellt sich vor**

- 12 **Hotels und andere Unterkünfte**

- 18 **Essen und Trinken**

- 26 Essdolmetscher

- 28 **Unterwegs in San Francisco**

- 30 Sehenswertes
- 48 Museen und Galerien
- 53 Einkaufen
- 58 Am Abend
- 62 **Extra:** San Francisco mit Kindern

- 64 **Spaziergänge und Ausflüge**

  Spaziergänge
- 66 Durch die Gassen von Chinatown
- 71 North Beach, San Franciscos »Little Italy«
- 76 Mission District – zu den Bildern der Latinos

  Ausflüge
- 80 Oakland und Berkeley – die andere Seite der Bay
- 84 Einsamkeit, Wildnis und eine malerische Felsenküste: das nördliche Küstengebiet
- 88 Abstecher ins kalifornische Weinland: Napa und Sonoma Valley
- 92 Sonne und Strand, Schwimmen, Surfen und »easy living«: das südliche Küstengebiet

- 96 **Wichtige Informationen**

- 98 San Francisco von A–Z
- 108 Geschichte auf einen Blick
- 110 Sprachführer
- 112 Kartenatlas
- 124 Orts- und Sachregister
- 128 Impressum

Karten und Pläne

San Francisco	Klappe vorne
Bay Area	Klappe hinten
Union Square	S. 47
Chinatown	S. 69
Mission District	S. 77
San Francisco und Umgebung	S. 81
Verkehrslinienplan BART	S. 107
Kartenatlas	S. 112–123

Die Buchstaben-Zahlen-Kombinationen im Text verweisen auf die Planquadrate der Karten.

*Postkartenmotiv:
die viktorianischen Holzhäuser am Alamo Square,
dahinter Downtown.*

Eine Stadt stellt sich vor
Fast wie eine Märchenstadt
liegt sie da – San Francisco, die weiße Stadt auf den Hügeln am Golden Gate, die kaum einen Besucher jemals enttäuscht hätte.

Sonne oder Nebel, Licht oder Dunkelheit unterstreichen die Eleganz und den kühnen Schwung der Golden Gate Bridge, des Wahrzeichens von San Francisco.

Eine Stadt stellt sich vor

Fast wäre man geneigt, die Beschreibung dieser Stadt für das Wunschbild der Tourismusbranche zu halten: San Francisco ist überschaubar, ein interessantes Viertel reiht sich ans andere; die Menschen leben tolerant und friedlich miteinander, es gibt vielfältigste Sehenswürdigkeiten, ein wunderschönes Umland, die Luft ist sauber, das Leben relativ sicher... Auch Werbung bräuchten die Reiseveranstalter eigentlich nicht zu machen – San Francisco gehört ganz selbstverständlich auf den Routenplan einer USA-Tour und ist äußerst beliebtes Ziel für Städtetrips.

Legende und Wirklichkeit

Die Lebensfreude seiner Bewohner, ihre Aktivität und das Selbstverständnis, mit dem sie sich zeigen, lässt San Francisco nie langweilig werden, sondern macht es zu einer dynamischen Metropole. Vielfältige Kulturen, individuelle Traditionen und die sprichwörtliche Toleranz sind das Gastgeschenk an die Besucher, von denen nur erwartet wird, dass sie San Francisco offen und unvoreingenommen begegnen. Nach diesem einfachen Rezept lebt man hier – mit allen Höhen und Tiefen, die dazugehören – seit Jahrzehnten friedlich zusammen. Die Menschen sind es, die diese Stadt so sympathisch machen.

Doch wirklich: Es gibt schon triftige Gründe, warum San Francisco ganz oben auf der Liste der beliebtesten Reiseziele dieser Welt steht, und alle genannten Punkte stimmen – jedenfalls im Prinzip. Der nähere Blick enthüllt natürlich ein differenzierteres Bild, das jedoch fast immer faszinierende Züge trägt oder allenfalls die Euphorie der Besucher auf ein realistisches Maß zurückführt. Klar, es gibt auch hier wirtschaftliche, soziale und ökologische Probleme, aber die Menschen dieser Stadt haben noch nie die Flinte ins Korn geworfen, sondern fast alle Schwierigkeiten gemeistert. Und vielleicht ist die ständige Bedrohung der Stadt ein Grund für ihre Bewohner, den Moment intensiver zu erleben und zu gestalten. San Francisco liegt in der wohl erdbebengefährdetsten Region der Welt: Zwei riesige geologische Platten arbeiten hier tief im Erdinneren gegeneinander, lassen ungeheure Spannungen entstehen, die sich immer wieder ruckartig lösen – so beim Jahrhundertbeben von 1906 und wieder 1989, als das Loma-Prieta-Beben die Stadt erschütterte. Die Bewohner nehmen das Warten auf »The Big One« scheinbar leicht, wissen aber genau, was schon beim ersten Zittern des Bodens und der Wände zu tun ist: Schutz suchen unter Türrahmen und stabilen Möbeln. Und in Bewegung ist die Erde hier täglich, wenn auch meist für Menschen nicht spürbar. Wann und ob »The Big One« die Stadt in Trümmer legen wird, weiß niemand. Erst das erwartete Jahrhundertbeben wird zeigen, ob die heute errichteten Bauwerke wirklich halten, was sie versprechen – nämlich erdbebensicherer zu sein.

Stadt der sieben Hügel, Baghdad-by-the-Bay, jedermanns Lieblingsstadt – was ist dran an solchen Etiketten und Slogans, die leicht Wirklichkeit mit Legende verwechseln? San Francisco macht es Besuchern leicht, innerhalb seiner Mauern zurechtzukommen, und es verweigert sich dem Kennenlernen nicht. Alles ist offen, für jedermann zugänglich, und die San Franciscans nehmen es geduldig hin, dass ihre Stadt auf so reges Interesse stößt.

Mehr noch als Lage und Gestalt sind die Kultur und die Vielfalt der Menschen Trümpfe dieser Stadt. Und so tritt damit eine weitere schöne Reise- und Urlaubsbeschäftigung neben das Sightseeing: das Erleben des Alltags, das Mitschwimmen in der Geschäftigkeit, das Ausprobieren unbekannter Dinge. Gleichgültig, wie lange man sich hier aufhält, San Francisco wird zu einem Fest für die Sinne, bummelt man erst einmal auf eigene Faust herum und lässt sich auf die Vielfalt der Stadt ein. Ihre Gesichter – sie hat viele davon! – liegen dicht beieinander, und wer ein paar Tage lang kreuz und quer, bergauf und -ab herumgelaufen ist, hat unversehens eine Weltreise im Kleinen absolviert.

»Jeder Straßenzug eine Kurzgeschichte, jeder Hügel ein Roman, jedes Haus ein Gedicht« – nein, dieses Wort stammt nicht

Große Welt im Kleinen

aus den »Stadtgeschichten« von Amistead Maupin, der mit seiner papierenen Soap Opera das Leben an der Bay so erfolgreich beschrieben hat; dieses viel zitierte Wort von William Saroyan ist ein paar Jahrzehnte älter, charakterisiert aber noch heute den Zauber und die Lebendigkeit San Franciscos und seiner Kultur. Dylan Thomas ergänzte sein knappes Fazit: »Alle Rassen der Welt«. Und richtig, fragt man Reisende nach ihren Eindrücken, nennen sie immer wieder die Menschen dieser Stadt. Jedes Viertel ist eine Welt für sich, viele Straßen wie ein fernes Land, exotische Gesichter und fremde Geschichten – und alles doch so nah.

Eine Busfahrt von Downtown Richtung Mission District: Spanisch mischt sich unter das Englisch, gegenüber sitzen zwei Chinesen, die Fahrerin ist schwarz. Stimmengewirr, Gespräche. Slang, Akzent und unbekannte Sprachen. Die Vielfalt der Kulturen dieser Stadt, die man alltäglich und überall empfindet, lässt an die Geschichte Amerikas denken, an eine Geschichte der Einwanderung.

Minderheiten ohne Mehrheit

San Francisco ist das beste Beispiel, dass der **melting pot**, der »Schmelztiegel«, als Sinnbild weder für Amerika noch gar für diese Stadt taugt. China liegt hier im Zentrum, gleich nebenan Italien, jenseits der Van Ness Avenue beginnt Afrika, darüber Japan, weiter im Süden kommt man nach Mexiko, Peru, auf die Philippinen. Und rund herum verstreut liegen Russland, Korea, Kambodscha, Nicaragua, Thailand, Kuba und Frankreich. Obwohl die Menschen in engem Austausch miteinander leben, haben viele ethnisch geprägte Stadtteile bis heute ihren Charakter erhalten. Und diese Individualität setzt sich im Kulturellen fort; neben die Exotik Chinatowns oder das südländische Flair des Mission District tritt die ästhetische Prägung, die etwa die Schwulenbewegung dem Castro-Viertel verliehen hat.

Eine »weiße Stadt« ist San Francisco tatsächlich nur hinsichtlich des äußeren Erscheinungsbildes, wie es so im Sonnenlicht auf den Hügeln liegt. Als das kleine **Yerba Buena** 1847 in San Francisco unbenannt wurde, waren von 459 Bewohnern lediglich 228 amerikanischer Nationalität. Und ähnlich ist es noch heute: »Weiße«, also Abkömmlinge europäischer Einwanderer, machen weniger als 50 Prozent von gut 770 000 Menschen aus.

Kaum etwas symbolisiert das kulturelle Kaleidoskop dieser Stadt besser als die Tatsache, dass im Juni 1948 in San Francisco die Vereinten Nationen gegründet wurden. Und das multikulturelle Experiment klappt – auf städtischem Maßstab – bis heute relativ gut. Natürlich gibt es Reibungspunkte, Konflikte, doch spüren die Menschen in den **neighborhoods** einfach, dass sie aufeinander angewiesen sind, und bis heute ist San Francisco frei von Ghettos, Bandenkriegen und Rassenkonflikten geblieben.

Die neuere Geschichte der Stadt hat aber auch tief greifende Zwiste zu verzeichnen: In der Hippie-Zeit demonstrierten die jungen Aussteiger immer wieder gegen den Vietnam-Krieg. Und noch bis in die späten Siebziger mussten San Franciscos Schwule sich gegen Diskriminierung und tätliche Übergriffe wehren; der Sieg der Toleranz gegenüber Gays und Vertretern alternativer Lebensstile wurde in unzähligen Auseinandersetzungen mühsam errungen.

Der jüngste Konflikt – ausgelöst durch den aberwitzigen Wirtschaftsboom der Jahrtausendwende – ist noch nicht ausgestanden: Rasant steigende Immobilienpreise führten zur Verdrängung angestammter San Franciscans durch die Glücksritter der Internet-Branche, die spontan mehrere Millionen Dollar für ein viktorianisches Holzhaus hinblättern konnten. Auch der Kreativszene wurden die noch bezahlbaren Ateliers und Fabrikgebäude im ehemaligen Industriegebiet South of Market, im Mission District und drüben in Oakland gekündigt, um hier teure Wohnviertel zu erschließen. Erst der Börsenschock des Neuen Marktes konnte diesen Trend vorübergehend stoppen – der weitere Ausgang ist ungewiss.

Wachstum mit Augenmaß

San Francisco ist eine Stadt, die nicht wachsen kann – dank ihrer Lage auf der Halbinsel gibt es kein wucherndes Suburbia, und in den industriell geprägten Gürtel im Süden setzt kaum ein Tourist seinen Fuß. Doch auch in die Höhe wächst San Francisco nicht. Auf Beschluss seiner Bürger wurde die **manhattanization**, die Umwandlung der Downtown in einen Wolkenkratzerwald, verhindert.

EINE STADT STELLT SICH VOR

Oben: Eine selbst erklärte »große schwarze Hoffnung des Akkordeons« verdient sich den Lebensunterhalt als Straßenmusiker in Chinatown.

Mitte: Das städtische Machtzentrum – die City Hall an der Van Ness Avenue – liegt in einem künstlerischen Umfeld.

Unten: Früher prägte der Turm des Ferry Building die Skyline der Stadt, heute wirkt er wie ein Zwerg im nächtlichen Lichtermeer des Financial District.

EINE STADT STELLT SICH VOR

Und doch verändert sich das Stadtbild rapide: Im ehemaligen Gewerbegebiet **South of Market** entstehen immer neue Hotels, Museen, Wohnkomplexe und Bürogebäude. Wer die Gegend vor 20 Jahren zuletzt sah, dürfte sie heute schwerlich wiedererkennen.

Aber es waren schwierige Zeiten! Die einstmals emsige Hafenstadt San Francisco verlor das Geschäft mit der Schifffahrt an den Containerhafen von Oakland; die Stückgutpiers verfielen. Doch eine nachhaltige Politik, die klar auf Tourismus, den Dienstleistungssektor und die Stellung als Tor nach Asien setzte, konnte den beginnenden Niedergang stoppen und inzwischen sogar umdrehen.

> **❶ MERIAN-Lesetipp**
>
> Auch wenn noch so viele Bücher in San Francisco spielen – Amistead Maupins Helden aus seinen **Stadtgeschichten** (6 Bände, Rowohlt Taschenbuch) sind die besten Begleiter, will man diese Stadt, ihre Menschen und Mentalität vorab auf dem Papier kennen lernen. Die Episoden dieser literarischen »soap opera« folgen ihren Helden – die alle zur Untermiete bei Mrs. Madrigal wohnen – durch ein bewegtes und abwechslungsreiches Liebes- und Alltagsleben. Ein Lesevergnügen, das süchtig macht und Reisefieber auslöst...

San Francisco, nach dem Erdbeben von 1906 im Neubeginn aus Trümmern erfahren, bewältigte die Krise und erlebt heute ein stabiles Wachstum. Anstelle der aufgegebenen Piers entlang der Bay sprießen menschenfreundlich gestaltete Wohnanlagen aus dem Boden, so dass die Menschen – gänzlich unamerikanisch – in der Nähe ihrer Arbeitsplätze leben können.

So paradiesisch dies alles auch klingen mag, San Francisco ist eine launische Schönheit, die erobert werden will: Die vielen großen und kleinen Hügel zu erkunden kostet Kraft und Schuhsohlen, ist aber der beste Weg, die Stadt wirklich zu erleben. Doch immer wieder zieht sich die Prinzessin hinter ihren Schleier zurück: Die kühlen Nebel, die gerne sonnige Nachmittage abrupt beenden und im Juni feuchte Novemberstimmung verbreiten, müssen ertragen werden. Nur Geduld hilft – denn jederzeit kann die Stadt in ihrer vollen Schönheit wieder hervortreten und aus neuer Perspektive überwältigen.

Als Reiseziel hat San Francisco jedem etwas zu bieten. Gewiss, anderswo mag es mehr und größere Museen geben, und das Wasser des Pazifik ist zum Baden viel zu kalt, doch wo findet man eine fast perfekte Mischung aus schönen Stadtteilen, interessanter Architektur, Entertainment und Touristenrummel, Küste und Berglandschaft, amerikanischem Alltag und fremdländischer Exotik auf so kleinem Raum vereint? Gern verzichtet man auf Fünf-Sterne-Restaurants, wenn es dafür hunderte ausgezeichneter Speiselokale gibt, die dafür aber erschwinglich sind – San Fran-

Eine Stadt stellt sich vor

cisco überzeugt nicht durch Spitzenklasse und Masse, sondern durch individuelle Vielfalt.

Nein, San Francisco braucht sich nicht hinter anderen Top-Zielen des Tourismus zu verstecken – im Gegenteil, es kann sich getrost in die erste Reihe stellen. Unterkünfte, Restaurants, Kaufhäuser und Geschäfte verlangen deutlich niedrigere Preise, als in anderen Großstädten zu berappen sind. Nicht nur für Kongressreisende mit Spesenkonto, sondern auch für Besucher mit beschränktem Budget und Familien ist ein Aufenthalt an der Bay durchaus erschwinglich. Mag auch der Durchschnittspreis für eine Hotelübernachtung inzwischen bei knapp 170 $ liegen, gibt es doch immer eine günstige Alternative.

Man spaziere einfach drauf los, folge den Gerüchen und Bildern, den Klängen und Stimmen. Hinter fast jeder Ecke wird man auf etwas Sehenswertes stoßen. San Francisco ist das, was seine Besucher für sich daraus machen, und wer seine Sinne für die Facetten dieser Stadt öffnet, wird mehr erleben, als alle herkömmlichen Sehenswürdigkeiten vermitteln können.

Es gibt die eigenwilligsten und ausgefallensten Touren und Führungen durch Stadtviertel oder zu bestimmten Themen, die oft hervorragend konzipiert sind und äußerst unterhaltsam durchgeführt werden.

Tauchen Sie ein in das Abenteuer San Francisco. Ob für eine Stippvisite oder vielleicht für ein Leben lang: It's all yours!

Werbeplakate, Standbilder, Bürotürme — im Financial District treffen gegensätzliche ästhetische Welten aufeinander.

Hotels und andere Unterkünfte

Über 31 200 Hotelzimmer hat San Francisco als eines der beliebtesten Reiseziele der Welt zu bieten. Reservierungen sind jedoch immer ein sinnvoller Tipp.

Im Foyer des Triton Hotel setzt sich das anspruchsvolle Styling der Zimmer fort.

HOTELS UND ANDERE UNTERKÜNFTE

Das Geschäft mit den Besuchern hat sichere Perspektiven in San Francisco – und der Bau von Hotels ebenfalls. Während die Cheftouristiker immer größere und luxuriösere Herbergen planen und die Stadt als Messe- und Kongressziel anpreisen, suchen unzählige kleinere Häuser ihre Kunden unter den Individualreisenden.

Das Hotelangebot ist je nach Stadtteil verschieden: Pauschaltouristen wohnen in den **Kettenhotels** bei Fisherman's Wharf, besser betuchte Reisende steigen rings um den Union Square ab, und wer sein Geld nicht mehr zählen muss oder kann, residiert auf dem Nob Hill. **Motels** aller Preisklassen säumen die westliche Lombard Street, und private Bed & Breakfast-Pensionen sind in den Randlagen der Stadt zu finden.

Auf die Übernachtungskosten ist stets die unangenehm hohe städtische **Hotel Tax** von 14 Prozent aufzuschlagen. Dennoch gibt es in San Francisco viele Hotels, die auch Reisenden mit schmalerem Budget einen Besuch erlauben und trotzdem hohe Qualität, guten Service und die nötige Sicherheit bieten.

Preisangaben gelten stets für zwei Personen (wer getrennte Betten wünscht, sollte das bei der Reservierung vermerken!), und nicht selten wird für einen dritten oder vierten Übernachtungsgast im selben Zimmer nur ein sehr geringes Aufgeld in Rechnung gestellt.

Reservierungen Fast alle Hotels akzeptieren eine Reservierung per Fax unter Angabe der Kreditkartenfirma und -nummer sowie des Verfalldatums und bestätigen die Vormerkung auf Wunsch ebenfalls per Fax. Bei Nichterscheinen wird aber mindestens eine Übernachtung berechnet. Hotels aller Preisklassen können reserviert werden über:

San Francisco Reservations
Tel. 510/628-4450, Fax 628-9025;
www.hotelres.com

Auch andere Internet-Buchungsdienste haben San Francisco im Programm:
Roomfinders USA
www.turbotrip.com

Speziell auf San Francisco ausgerichtet sind:
www.sftrips.com
www.unionsquarehotels.com

Das San Francisco Convention and Visitors Bureau bietet auf seiner Website ebenfalls Zugang zu Reservierungsdiensten:
www.sfcvb.org

Camping Die nächstgelegene Campingmöglichkeit findet sich weit außerhalb der Stadt: nördlich im **China Camp State Park** bei San Rafael (10 $) bzw. südlich am **Half Moon Bay State Beach** (10 $); die Verkehrsverbindungen sind kompliziert.

Reservierungen sind nur über **DESTINET** möglich (Tel. 800/444-7275) und kosten eine Gebühr von 6.75 $.

Im Stadtgebiet gibt es nur South of Market einen etwas tristen Wohnmobilplatz:
San Francisco R. V. Park ■ E 8, S. 115
250 King St.; Tel. 986-8730; 28 $ pro Nacht für zwei Personen, je weitere Person zusätzlich 2 $

Preisklassen

Die Preise gelten für eine Übernachtung im Doppelzimmer für zwei Personen ohne Frühstück.
★★★★ ab 150 $
★★★ bis 150 $
★★ bis 100 $
★ bis 60 $

BED & BREAKFAST – HOTELS

Bed & Breakfast

24 Henry ■ a 1, S. 77
Fünf Zimmer und vier Suiten in einem
verschwiegenen viktorianischen
Guesthouse – man wohnt fast wie
bei Freunden in einem historischen
Holzhaus. Großes Frühstücksbuffet.
Sehr früh reservieren!
24 Henry St./Castro District; Tel. 864-5686,
Fax 864-0406; www.24henry.com;
Straßenbahn Linie F ★ ★ EURO VISA

Chateau Tivoli M M ■ C 14, S. 118
Bed & Breakfast mit fünf Zimmern
und vier Suiten – alle individuell
eingerichtet – in einem schön res-
taurierten viktorianischen Gebäude
in ruhiger Lage, teilweise mit ge-
meinsamer Badbenutzung. Sonntags
Champagner-Brunch, täglich üppiges
Frühstück, non-smoking.
1057 Steiner St./Alamo Square; Tel. 776-
5462, Fax 776-0505; www.chateautivoli.
com; Bus 5, 22 ★ ★ ★ AmEx EURO VISA

Washington Square Inn ■ C 6, S. 114
Liebevoll ausgestattetes Bed &
Breakfast im europäischen Stil –
überall Plüsch, Antiquitäten und viele Blumen. Umfangreiches Frühstück
und Wein am Spätnachmittag sind
im Preis inbegriffen. Guter Standort
für das Nachtleben von North Beach.
1660 Stockton St./North Beach; Tel.
981-4220, Fax 388-0220; Bus 15, 30, 45;
15 Zimmer ★ ★ ★ AmEx DINERS EURO VISA

Jugendherberge

**Hostelling International
San Francisco** ■ C 5-7, S. 114
312 Mason St.; Tel. 788-5604; 218 Betten
in Schlafsälen; ab 14 $ pro Nacht (Mitglied-
schaft im Herbergsverband notwendig)

*Haushoch überragt das
San Francisco Marriott Hotel
die 1851 erbaute St. Patrick's
Church.*

Hotels

The Adelaide Inn ■ a 2, S. 47
Hotel im Bed & Breakfast-Stil, aber
ohne eigenes Bad – sonst zahlt man
weit mehr dafür. In ruhiger Seiten-
gasse gelegen, einfacher Komfort,
sehr privater Charakter.
5 Isadora Duncan Court/Union Square;
Tel. 441-2261, Fax 441-0161; Bus 2, 3, 4,
27; BART Civic Center; 18 Zimmer ★
AmEx EURO VISA

The Fitzgerald M ■ a 1/a 2, S. 47
Vollständig renoviertes und neu
ausgestattetes City-Hotel mit gutem
Service in sehr zentraler Lage – eines
der besten Angebote! Frühstücksbuffet und Swimmingpoolbenutzung
gratis.
620 Post St./Union Square; Tel. 775-8100,
Fax 775-1278; www.fitzgeraldhotel.com;
Bus 2, 3, 4, 27; 39 Zimmer ★ ★ ★
AmEx EURO VISA

HOTELS UND ANDERE UNTERKÜNFTE

> **❗ MERIAN-Tipp**
>
> **G**rant Plaza Hotel Viel Wohnwert für wenig Geld bietet dieses Hotel im exotischen Ambiente von Chinatown. Das Personal ist freundlich und professionell, die Zimmer sind zwar einfach, haben aber allen nötigen Komfort. Die zentrale Lage einen Block oberhalb des Chinatown Gate macht das Hotel zum idealen Ausgangspunkt für die Erkundung der Innenstadt. 465 Grant Ave./Chinatown (erreichbar mit den Bussen 15 und 30); Tel. 434-3883, Fax 434-3886; www.grantplaza.com; 76 Zimmer ★★ AmEx EURO VISA ■ b 3, S. 69

Hotel Bohème ■ b 1, S. 69
Eines der neuen kleinen City-Hotels mit dezent-geschmackvoller Ausstattung und modernstem Komfort inklusive Kabel-TV und Modem-Anschluss für den Computer. Sehr günstige Tarife, wenn sich vier Personen ein Zimmer teilen!
444 Columbus Ave./North Beach; Tel. 433-9111, Fax 362-6292; www.hotelboheme.com; Bus 15, 30, 45; 15 Zimmer ★★★★ AmEx DINERS EURO VISA

Hotel Sheehan ■ a 1, S. 47
Einfaches und doch stilvolles Haus im ehemaligen YWCA. Es gibt einen großen Indoor-Pool, Fitness- und Exercise-Räume sowie eine Weinbar. Die billigsten Zimmer sind ohne eigenes Bad.
620 Sutter St./Union Square; Tel. 775-6500, Fax 775-3271; www.hotelsheehan.com; Bus 2, 3, 4, 76; 64 Zimmer ★★ AmEx EURO VISA

Hotel Triton M M M ■ c 1, S. 47
Trendy, hip und chic: Der exklusive Stil des Hauses zieht vor allem ein jüngeres Publikum an. Alle Zimmer sind geschmackvoll auf asiatisch getrimmt. Guter Service, günstige Lage.
342 Grant Ave./Chinatown; Tel. 394-0500, Fax 394-0555; www.hotel-tritonsf.com; Bus 15, 30; 140 Zimmer ★★★★ AmEx DINERS EURO VISA

Hyatt Regency ■ DE 6, S. 115
Das architektonisch extravagante Hotel ist für seine gigantische, 60 m hohe Lobby voller Pflanzen und Springbrunnen sowie das Drehcafé auf dem Dach berühmt. Die sehr komfortablen Zimmer wurden kürzlich renoviert.
5 Embarcadero Center/Embarcadero; Tel. 788-1234, Fax 981-3638; www.hyatt.com; Bus 6, 7, 66, 71; BART Embarcadero; 805 Zimmer ★★★★ AmEx DINERS EURO VISA

Inn on Castro ■ a 1, S. 77
Kleines Hotel in einem viktorianischen Holzhaus mit individuell und stilvoll ausgestatteten Zimmern. Gemütliche Lounge, Kochmöglichkeit und Sonnenterrasse mit Blick auf die Stadt.
321 Castro St./Castro District; Tel. und Fax 861-0321; www.innoncastro2.com; Bus 24; Straßenbahn Linie F; 8 Zimmer ★★★ AmEx EURO VISA

Petit Auberge M ■ a 1, S. 47
Kleines Haus im französischen Country-Stil in zentraler Lage. Geschmackvoll eingerichtete Zimmer, schöne Innendekoration. Es gibt Nachmittagstee und eine freundliche Concierge.
863 Bush St./Union Square; Tel. 928-6000, Fax 673-7214; www.foursisters.com; Bus 27; 26 Zimmer ★★★ AmEx EURO VISA

Red Victorian Bed, Breakfast & Art
M M M ■ A 15, S. 118
Hier blieb die Hippie-Ära lebendig – jeder Raum ist ein Designer-Gesamt-

HOTELS – MOTELS

kunstwerk: das Schmetterlingszimmer, das Regenbogenzimmer, die Pfauensuite. Alle Zimmer für zwei Personen, aber nicht immer mit eigenem Bad. Rabatt ab 3 Nächten.
1665 Haight St./Haight-Ashbury; Tel. 864-1978, Fax 863-3293; www.redvic.com; Bus 6, 7, 71; eigener Airport-Service; 18 Zimmer
★★ AmEx EURO VISA

San Francisco Marriott ■ c 2, S. 47
Das Hotel gleicht einer riesigen Juke-Box, bietet Service mit allem erdenklichen Komfort.
55 Fourth St./SoMa; Tel. 896-1600, Fax 777-2799; www.marriott.com; Bus 30, 45; BART Powell Street; 1500 Zimmer
★★★★ AmEx DINERS EURO VISA

Westin St. Francis ■ b 2, S. 47
Das älteste der großen Luxushotels in San Francisco, Herberge auf Zeit für Prominente aus Kunst und Politik. Das äußerlich finstere Haus bietet helle und freundliche Zimmer.
335 Powell St./Union Square; Tel. 397-7000, Fax 774-0124; www.westin.com; Bus 30, 45; Cable Car ab Powell Street; 1194 Zimmer ★★★★ AmEx DINERS EURO VISA

Motels

Beck's Motor Lodge ■ a 1, S. 77
Modernes und günstig gelegenes Motel für Gäste, die diesen amerikanischen Stil lieben. Großes Sonnendeck mit Blick auf die Market Street.
2222 Market St./Castro District; Tel. 621-8212, Fax 241-0453; Straßenbahn Linie F; 57 Zimmer ★★ AmEx DINERS EURO VISA

The Phoenix Hotel M M
■ B 8, S. 114
Schrilles Motel im Stil der Sixties und beliebtes Domizil für Musiker und Künstler. Swimmingpool und Skulpturen-Garten.
601 Eddy St./Civic Center; Tel. 776-1380, Fax 885-3109; www.phoenixhotel.com; Bus 19, 31; BART Civic Center; 44 Zimmer
★★★ AmEx DINERS EURO VISA

Das noble Westin St. Francis ist die bevorzugte Herberge, wenn Präsidenten zu Besuch nach San Francisco kommen.

Essen und Trinken

Alle Küchen der Erde sind am westlichen Ende Amerikas vertreten. Hamburger ade – die Vielfalt der Gesichter dieser Stadt spiegelt sich auch in den Düften und Aromen der Restaurants.

Viel Chrom, Spiegel und Neonreklame — ein Besuch in Lori's Diner wird zur Zeitreise in die fünfziger Jahre.

ESSEN UND TRINKEN

Es mag zwar richtig sein, dass in der übrigen Welt oft Hamburger, Hot Dogs und Steaks als typische »Ami-Gerichte« belächelt werden, doch haben viele seit Generationen naturalisierte US-Bürger die traditionelle Küche ihrer Herkunftsländer mitgebracht und weiterentwickelt. Und so stellt sich die fast schon philosophische Frage, ob Chop Suey, Pizza und Tacos nicht auch als amerikanische Speisen angesehen werden müssten – von den Rezepten der Cajuns, Amish oder Californian Cuisine ganz zu schweigen.

Wer in San Francisco essen gehen will, kann ganz nach persönlichem Gusto unter mehr als 2300 Restaurants wählen. Die kalifornische Küche ist hierbei natürlich stark vertreten. Weniger leicht ist allerdings eine Definition, was sich dahinter verbirgt – irgendwie so etwas wie Nouvelle Cuisine, leicht mediterran mit den Zutaten der Saison. Ohne Avocado, Artischocken und Brokkoli geht kaum etwas, und dazu gibt's oft mariniertes Fleisch oder Meeresfrüchte.

Eine gewisse Idee sollte man auch davon haben, wie die Amerikaner auswärts speisen. Wer mittags den Lunch »to go« aus dem nächsten Schnellrestaurant holt oder sich an einem Imbisswagen verpflegt, legt abends zum Dinner gern Wert auf ein etwas förmlicheres Auftreten. Wer zu leger herumläuft, wird in besseren Restaurants ohne Zweifel Missfallen erregen.

Apropos herumlaufen: In amerikanischen Restaurants gilt die Regel »Please wait to be seated«. Man sucht sich also den Sitzplatz nicht aus, sondern wird an einen freien Tisch geführt. Der Grund ist einsichtig: Da für die Bedienung das Trinkgeld ein essenzieller Bestandteil des Einkommens ist, wird für eine gerechte Verteilung der Besucher auch auf weniger attraktive Tische gesorgt. Und wenn die sich stets sehr freundlich und persönlich vorstellende Kellnerin oder der Kellner spätestens nach einer Dreiviertelstunde einen skeptischen Gesichtsausdruck bekommt, ist das nicht ungastlich gemeint – Amerikaner sitzen nämlich meist nicht sehr lange im Lokal, und sie oder er fragt sich vielleicht nur, was die Gäste denn nun noch erwarten ...

Beim Frühstück gibt es solche Erlebnisse kaum, denn diese oft ganztägig servierte dritte – oder erste – Hauptmahlzeit gehorcht eigenen Regeln. Wer das Buffet im Hotel schon in- und auswendig kennt, sollte unbedingt die Coffee-Shop-Experience machen: Hier gibt's Pancakes mit Sirup, Bratkartoffeln, Toast und Eier in allen Varianten bis in den Abend, und Kaffee wird gratis nachgeschenkt. In Cafés bestimmen eher die »drei S« den Speiseplan: Suppe, Sandwich, Salat. Kaffee wird pro Becher berechnet.

Wer im Lokal außer Speis und Trank auch gern Tabak konsumiert, muss auf harte Zeiten gefasst sein: In San Francisco werden die sehr strengen kalifornischen Nichtrauchergesetze sehr strikt angewandt, und legal ist das Rauchen in keiner Gaststätte.

Preisklassen

Die Preise beziehen sich jeweils auf ein Menü ohne Getränke und Trinkgeld.
★★★★ ab 30 $
★★★ bis 30 $
★★ bis 20 $
★ bis 10 $

ESSEN UND TRINKEN

Oben: Die Kneipenbrauerei Thirsty Bear Brewing Company in South of Market wird von den großen Bierkesseln aus Edelstahl dominiert.

Mitte: Wie hier in der Belden Street stellen Gastwirte überall im Financial District bei schönem Wetter die Tische auf die Straße.

Unten: Das Interieur des Restaurants Campo Santo wirkt morbide und folkloristisch zugleich.

ESSEN UND TRINKEN

Restaurants

Alioto's M 🍴 ■ B 5, S. 114
Ältestes Seafood-Restaurant San Franciscos, seit 1925 in Familienbesitz. Neben den Köstlichkeiten des Pazifik wie etwa dem Red Snapper werden auch sizilianische Spezialitäten kredenzt. Toller Blick auf die Bay.
8 Fisherman's Wharf; Tel. 673-0183; Bus 32; tgl. 11–23 Uhr ★ ★ AmEx DINERS EURO VISA

Calzone's ■ b 1, S. 77
Unter den zahllosen Italienern der Stadt ein Lokal mit äußerlich typischem Angebot; bei näherem Hinsehen sind Pizza & Pasta jedoch nach individuellen Rezepten verfeinert. Große Sonnenterrasse.
430 Columbus Ave./North Beach; Tel. 397-3600; Bus 15, 30, 45; tgl. 7–1 Uhr ★ ★ AmEx DINERS EURO VISA

Campo Santo ■ b 1, S. 77
Der Name dieses mexikanischen Lokals bedeutet »Friedhof« und weist darauf hin, dass man seine **Tacos**, **Quesedillas** und **Frijoles** hier zwischen farbenprächtigen (falschen) Grabsteinen serviert bekommt.
240 Columbus Ave./North Beach; Bus 15 Tel. 433-9623; Lunch Mo–Fr 11.30–15.30, Dinner Di–Do 18–22, Fr und Sa 17.30–22.30 Uhr ★ EURO VISA

Fog City Diner ■ D 5, S. 115
Schickes Diner mit viel Chrom und Glas im Stil der Nineties. Serviert werden traditionelle Gerichte mit neuem Kick à la Californian Cuisine.
1300 Battery St./Embarcadero; Tel. 982-2000; Bus 42; So–Do 11.30–23, Fr und Sa 11.30–24 Uhr ★ ★ DINERS EURO VISA

Greens ■ A 5, S. 114
Aus Zutaten der Saison wird hier zen-buddhistisch-vegetarisches Essen kreiert. Blick auf die Bay – gesundes Essen inmitten von Licht, Natur und Kunst.
Fort Mason Center, Building A; Marina Blvd. & Buchan'an St.; Tel. 771-7955; Bus 28; Lunch Di–Fr 11.30–14, Sa 11.30–14.30, So Brunch 10–14 Uhr, Café-Dinner Mo–Fr 16.30–21.30, Sa 18–21 Uhr ★ ★ EURO VISA

Jessie's Restaurant M M
■ F 14, S. 119
Modernes Restaurant im Stil eines New Orleans Garden-Bistros. Die Küche ist authentisch karibisch-kreole-cajun – der richtige Ort für erste Begegnungen mit **Gumbo** (Cajun-Bouillabaisse) oder **Jambalaya** (scharfe Wurst mit Huhn auf Reis).
1256 Folsom St./SoMa; Tel. 437-2481; Bus 12; Lunch Di–Sa 11.30–14.30, Dinner Di–Sa 17–22, So 14.30–21, New Orleans Brunch So 10–14 Uhr ★ ★ EURO VISA

John's Grill M ■ b 2, S. 47
Steaks und Seafood zu günstigen Preisen. Sehenswert sind im 1908 gegründeten Lokal das Dashiell-Hammett-Interieur und der Malteser-Falke-Raum. Ambiente der Fifties.
63 Ellis St./Union Square; Tel. 986-0069; BART Powell Street Station; Cable Car Powell & Mason Line; Mo–Sa 11–22 Uhr, So 17–22 Uhr ★ ★ AmEx DINERS EURO VISA

Kam Po ■ a 1/a 2, S. 77
Nüchternes Ambiente wie in Hongkong oder Taipeh: Es gibt nur Tee und simple Küche, dafür verirrt sich kein Tourist hierher.
801 Broadway/Chinatown; Tel. 983-7034; Bus 12; Cable Car Powell & Mason Line; Mo–Sa 8–19 Uhr ★

Kyo-Ya M M ■ c 1, S. 47
Stilvolles und wohl bestes japanisches Restaurant der Stadt. Wer sich bislang erst zu **Sushi** vorgetastet hat, sollte auch **Sukiyaki** oder **Kyoya-Nabe** (Bouillabaisse mit Hummer) probieren.
2 New Montgomery St./SoMa; Tel. 392-8600; Bus 15; BART Montgomery Station; Mo–Fr Lunch 11.30–14, Mo–Sa Dinner 18–22 Uhr ★ ★ ★ ★ AmEx DINERS EURO VISA

RESTAURANTS

Lori's Diner 🍴🍴 ■ b 2, S. 47
Drehhocker am Tresen, rot gepolsterte Sitznischen, Spiegel und Fußbodenfliesen im Schachbrettmuster – dazu amerikanische Küche at it's best: überbordende Burger mit Chips, Hot Dogs und riesige Sandwiches in einem Ambiente der Fünfziger.
336 Mason St./Union Square; Tel. 392-8646; Bus 27; BART Powell Street Station; durchgehend geöffnet ★ AmEx EURO VISA

Masa's M M M ■ b 1, S. 47
Bestes französisches Restaurant der USA mit Schwerpunkt auf Fisch-, Muschel- und Wildgerichten. Die Weinkarte umfasst mehr als 600 verschiedene Weine. Unübertrefflicher Service.
648 Bush St./Union Square; Tel. 989-7154; Bus 30, 45; Di–Sa 18–24 Uhr ★★★★ AmEx EURO VISA

Mel's Drive In 🍴🍴 ■ F 2, S. 113
Die richtige Adresse für Fans der Fifties: Es gibt »Melburger«, viel Neon sowie Juke-Boxes an jedem Tisch. 2165 Lombard St./Marina; Tel. 921-3039; Bus 43, 76; durchgehend geöffnet ★ EURO VISA

Moose's Cafe & Bar M M ■ C 5-6, S. 114
Schicker Trend-Treff in North Beach. Pizza & Pasta der gehobenen Qualität, dazu raffinierte eigene Kreationen. Ein Ort zum Leute-Gucken in relaxter Atmosphäre zur Musik eines Piano-Spielers.
1652 Stockton St./North Beach; Tel. 989-7800; Bus 15, 30, 41; Lunch Mo–Sa 11.30–14.30, Dinner Mo–Do und So 17.30–23, Fr und Sa 17.30-0, So Brunch 10.30–14.30 Uhr ★★ AmEx DINERS EURO VISA

New Sun Hong Kong ■ b 1, S. 77
Wenn andere mit schwerem Kopf aus den North-Beach-Kneipen heimwärts wanken, werden hier noch fröhlich die **Chop Sticks** geschwungen: chinesische Küche mittleren Niveaus, aber gut gegen Hunger zu später Stunde.
606 Broadway/Chinatown; Tel. 956-3338; Bus 12, 15; tgl. 8–3 Uhr ★★ EURO VISA

San Miguel Restaurant ■ b 2, S. 77
Gemütliches Familienlokal im Mission District. Die kleine Küche zaubert **Tamales** und **Enchiladas**, **Mariscos** und **Tacos à la Guatemala** hervor. Hin und wieder spielen Musiker aus dem Viertel.
3520 20th St./Mission District; Tel. 826-0173; Bus 14, 26; BART 16th Street Station; tgl. außer Mi 11.30–19.30 Uhr ★ (keine Kreditkarten)

The Stinking Rose ■ b 1, S. 77
»Wir würzen unseren Knoblauch mit Essen« ist das Motto, und die wenigen Gerichte ohne Knoblauch sind auf der Karte extra markiert. Faszinierend, was den Köchen so alles einfällt ... Auf alle Fälle ein lohnendes Geschmacks-Experiment.
325 Columbus Ave./North Beach; Tel. 781-7673; Bus 15, 30, 45; So–Do 16–23, Fr und Sa 10–24 Uhr ★★ AmEx EURO VISA

❗ MERIAN-Tipp

Restaurant Bix Dieses in einem historischen Lagerhaus eingerichtete Restaurant ist auf kreative amerikanische Küche spezialisiert. Das Interieur ist eine stilvolle Mischung aus Ocean-Liner und Thirties. Perfekt-dezenter Service, exquisite Bar – dennoch sind einige der Leckereien durchaus erschwinglich. Zu später Stunde findet die Bar regen Zuspruch bei Nachtschwärmern.
56 Gold St./Financial District, Tel. 433-6300, Bus 42 und 83, Lunch Mo–Fr ab 11.30, Dinner tgl. 17.30–23 Uhr ★★★ DINERS EURO VISA ■ c 1/c 2, S. 77

ESSEN UND TRINKEN

Tandoori Mahal ■ b 2, S. 77
Innen ungewöhnlich schlichtes Restaurant mit qualitativ hochwertigem Angebot für gehobene Ansprüche. Es gibt klassische indische Gerichte und kalifornischen Wein – eine unbedingt probierenswerte Kombination.
941 Kearny St./Chinatown; Tel. 951-0505; Bus 15, 30, 45; tgl. 11.30–0 Uhr, »All you can eat«-Lunch-Buffet Mo–Fr 11.30–14.30 Uhr ★★ AmEx DINERS EURO VISA

Zuni Cafe & Grill M M
■ DE 14, S. 119
Seit über 20 Jahren trendy unter den Yuppies. Kein Preisbrecher, aber viel gutes Essen fürs Geld: Antipasti, Austern, Lachs, Pasta, Salate, dazu Aperitifs und diverse Biere. Eine täglich wechselnde Karte lässt keine Langeweile aufkommen.
1658 Market St./Civic Center; Tel. 552-2522; Bus 6, 7; Straßenbahn Linie F; tgl. außer Mo ab 7.30, Lunch 11.30–19, Dinner 18–24 Uhr ★★ EURO VISA

Cafés

All You Knead 🍴🍴 ■ B 15, S. 118
Alternative Frühstückpalette von Makro-Bio-Müsli bis zum Health-Food-Burger. Guter Kaffee, gute Croissants – und dazu jede Menge Alt-Hippies am Nachbartisch. Sehr günstige Preise.
1466 Haight St./Haight-Ashbury; Tel. 552-4550; Bus 6, 7; tgl. 8–22.50 Uhr ★ EURO VISA

Bagdad Cafe ■ a 1, S. 93
Beliebter After-Hour-Treff für den Castro District. Wenn die Clubs schließen und der Hunger erwacht, hilft das üppige Frühstück.
2295 Market St./Castro District; Tel. 621-4434; Straßenbahn Linie F; durchgehend geöffnet ★ (keine Kreditkarten)

Cafe Prague ■ c 2, S. 77
Gemütliche Korbsessel auf dem Gehsteig, Bistro-Tische im Inneren und ein riesiger Tresen: Dieses neue Café kokettiert mit dem Ambiente Osteuropas und gilt als besonders hip. Die Snacks und sonstigen Mahlzeiten sind jedoch von gediegener amerikanischer Qualität. Freitags und samstags wird Livemusik gespielt. Tgl. von 17 bis 19 Uhr ist Happy Hour.
584 Pacific Ave./North Beach; Tel. 433-3811; Bus 15, 30, 83; Mo–Fr 8–22, Sa und So 12–24 Uhr ★ EURO VISA

Cafe de la Presse ■ c 1, S. 47
Nicht nur der Name, auch das Frühstück ist hier echt französisch – und gut! Wer nicht darauf verzichten mag, kriegt zu Croissant und Kaffee sogar deutsche Zeitungen (wenn auch nicht ganz aktuell).
352 Grant Ave.; Tel. 398-2680; Bus 15, 30; tgl. 7–23 Uhr ★★ AmEx EURO VISA

Caffè Trieste M M ■ b 1, S. 77
Hier lebt das traditionell italienische North Beach: Samstags schmettern die Inhaber mit Inbrunst Arien, werktags treffen sich die Intellektuellen. Guter italienischer Espresso, kleine Gerichte.
601 Vallejo St./North Beach; Tel. 392-6739 Bus 15, 30, 45; So–Do 6.30–23.30, Fr und Sa 6.30–0.30 Uhr ★ (keine Kreditkarten)

Dottie's True Blue Cafe ■ a 2, S. 67
Traditioneller Coffee Shop nahe Union Square, der außer Continental Breakfast auch New American Cuisine wie gegrilltes Eggplant-Sandwich und klassische Gerichte wie **Banana Betty** bietet. Preiswert und lecker.
522 Jones St.; Tel. 885-2767; Bus 27; Mi–Mo 7.30–14 Uhr ★ (keine Kreditkarten)

RESTAURANTS – CAFÉS

Oben: Zeitungslektüre und Espresso, Arbeit am Laptop bei Rotwein und am Samstag Arien aus voller Kehle — das Caffè Trieste.

Mitte: Das Knoblauch-Restaurant »The Stinking Rose« fällt auch optisch aus dem Rahmen des Üblichen.

Unten: In einem der ältesten Viertel der Stadt inmitten backsteinerner Lagerhäuser bietet das Restaurant Bix dezente Noblesse.

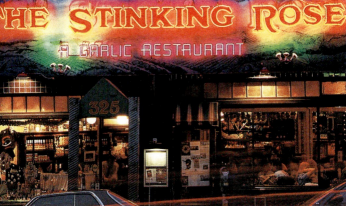

ESSDOLMETSCHER

Im Restaurant

Die Speisekarte bitte	*Could I see the menu please?*
Die Rechnung bitte	*Could I have the check please?*
Ich hätte gern einen Kaffee	*I would like to have a cup of coffee*
Auf Ihr Wohl	*cheers*
Wo finde ich die Toiletten (Damen/Herren)?	*Where are the restrooms (ladies/gents)?*
Kellner	*waiter*
Frühstück	*breakfast*
Mittagessen	*lunch*
Abendessen	*dinner*

A
almonds: Mandeln
anchovis: Sardellen
appetizer: Vorspeise
asparagus: Spargel

B
bacon: Speck
bagel: festes Brötchen
beans: Bohnen
beer on tap: Bier vom Fass
bisque: Hummer- oder Krebssuppe
boiled: gekocht
braised: geschmort, gedünstet
bread: Brot
broiled: gegrillt
bun: weiches Brötchen
burrito: mit Reis und Fleisch oder Gemüse gefüllter Maisfladen

C
cabbage: Kohl
cake: Kuchen, Torte
candy: Bonbons, Süßigkeiten
cauliflower: Blumenkohl
cereal: Getreideflocken
chanterelles: Pfifferlinge
cheese: Käse
chicken: Huhn
chop: Kotelett
chowder: dicke Suppe von Fisch, Fleisch oder Schalentieren
clams: Muscheln
cod: Kabeljau
cole slaw: Krautsalat
corn: Mais
crab: Taschenkrebs
crawfish: Krebs
crayfish: Flusskrebs
cucumber: Gurke
cutlet: Schnitzel

D
decaf: koffeinfreier Kaffee
dessert: Nachtisch
domestic beer: einheimisches Bier
duck: Ente
dumplings: Klöße

E
egg: Ei
entree: Hauptgang (in Frankreich Vorspeise)

F
french fries: Pommes frites
fried: in der Pfanne gebraten
– *eggs:* Spiegeleier
– *potatoes:* Bratkartoffeln
fruit: Obst
– *juice:* Fruchtsaft

G
garlic: Knoblauch
goose: Gans

H
haddock: Schellfisch
halibut: Heilbutt
ham: Schinken
herbal tea: Kräutertee
horseradish: Meerrettich

K
kidneys: Nieren
knuckels: Haxe

L
lamb chop: Lammkotelett
leek: Lauch, Porree
leg of lamb: Lammkeule
lemon: Zitrone
lettuce: Kopfsalat
liver: Leber
lobster: Hummer
loin: Lendenstück

ESSDOLMETSCHER

M
mashed potatoes: Kartoffelbrei
meat: Fleisch
– balls: Fleischklößchen
medium rare: halb durchgebraten
minced meat: Hackfleisch
muffin: kleine, runde Semmel
mushrooms: Pilze
mussels: Miesmuscheln
mustard: Senf

N
night cap: Schlummertrunk, letzte Bestellung
noodles: Nudeln
nuts: Nüsse

O
onions: Zwiebeln
oysters: Austern

P
pancake: Pfannkuchen
parsley: Petersilie
partridge: Rebhuhn
pastry: Gebäck, Kuchen
peach: Pfirsich
pear: Birne
peas: Erbsen
pepper: Pfeffer
perch: Barsch
pie: Pastete, Torte
pineapple: Ananas
plaice: Scholle
pork: Schweinefleisch
porridge: Haferbrei
porterhouse steak: großes Steak mit Filetstück und Knochen
potatoes: Kartoffeln
poultry: Geflügel
prawn: Garnele
prunes: Backpflaumen
pumpkin: Kürbis

R
rabbit: Kaninchen
radish: Radieschen, Rettich
raisins: Rosinen
rare: fast roh
rarebit: überbackener Toast
red (white) wine: Rot-/Weißwein
raspberries: Himbeeren
roast: Braten
roasted: im Ofen gebraten
roll: Brötchen

S
salmon: Lachs
sausage: Wurst
scrambled eggs: Rühreier
sea-food: Meeresfrüchte
sirloin steak: Lendensteak
slice: Scheibe
smoked: geräuchert
snapper: Tiefseefisch
soft boiled egg: weich gekochtes Ei
sole: Seezunge
soup: Suppe
sour cream: saure Sahne
spareribs: Rippchen
spinach: Spinat
steamed: gedämpft
stewed: geschmort
stout beer: dunkles, starkes Bier
strawberries: Erdbeeren
sugar: Zucker
sweetbread: Kalbsbries

T
tart: Törtchen
T-bone steak: Steak mit Filetstück und Knochen
tea: Tee
tenderloin: Filetstück
tomato juice: Tomatensaft
trout: Forelle
tuna fish: Tunfisch
turbot: Steinbutt
turkey: Truthahn
turnips: weiße Rüben
turtle: Schildkröte

V
veal: Kalb
vegetables: Gemüse
vinegar: Essig

W
wafers: dünne Waffeln
whipped cream: Schlagsahne
white cabbage: Weißkohl
wine by the glass: offener Wein

Unterwegs in San Francisco
Wunderwelt am Golden Gate
– auf überschaubarem Raum vereint San Francisco Uramerikanisches und Facetten verschiedenster Kulturen auf einzigartige Weise.

Bevor die Cable Cars auf der Hyde Street in die Tiefe sausen, bietet sich ein klassischer Ausblick auf die Gefängnisinsel Alcatraz in der Bay.

SEHENSWERTES

The city in motion – die Stadt in Bewegung bietet ein lebendiges Kaleidoskop aus Kultur und Architektur, Geschichte, Kunst und Alltag, in dem auch Kenner stets Neues entdecken.

Wer Superlative der gängigen Art sucht, wird sie in San Francisco kaum finden – hier an der Bay gibt es keine Museen von Weltrang, und auch architektonisch spektakuläre Bauwerke sind relativ dünn gesät. Dennoch macht die Individualität und die ungewöhnliche Mischung seiner Attraktionen San Francisco zu einem der lohnendsten Reiseziele überhaupt, was die Besucherzahlen deutlich unterstreichen. Auf vergleichsweise kleinem Raum bietet sich eine breite Palette an Museen und Galerien, Vergnügungseinrichtungen und Sehenswürdigkeiten, historischen und modernen Stätten der Kunst, Technik, Alltagskultur und Wirtschaft. Dazu gibt es Kirchen und Tempel, Parks und Strände – alles eingebettet in Stadtviertel individuellen Gepräges und mit unterschiedlichen Gesichtern.

Die hier beschriebene Auswahl der klassischen wie unkonventionellen Sehenswürdigkeiten versucht, einen repräsentativen Einblick zu geben. Da sehr unterschiedliche Attraktionen oft dicht beieinander liegen, kann man sie leicht zu einem abwechslungsreichen Bummel kombinieren.

Bei ausgiebigerem Sightseeing können sich die Eintrittsgelder schnell summieren. Doch mithilfe verschiedener Pässe lässt sich das Budget etwas schonen: CityPass und Golden Gate Park Explorer Pass (→ S. 49) verhelfen zu ermäßigten Museumstickets, der MUNI-Pass (→ S. 106) gilt auch bei anderen Sehenswürdigkeiten. Und wer mit Letzterem dann noch die öffentlichen Verkehrsmittel benutzt, spart sich unnötige Suche nach einer Parklücke bzw. den Ärger über die teils horrenden Parkplatzgebühren.

Alamo Square ■ C 14, S. 118
Postkartenpanoramen, live erlebt: Das passiert den Besuchern in San Francisco des Öfteren. Einen klassischen Blick mit man am Alamo Square, wo die **Six Sisters** – perfekt restaurierte **Victorian Houses** aus dem Jahr 1894 – einen eindrucksvollen Kontrast zur Skyline im Hintergrund bilden. Yesterday meets tomorrow. Und ein echter »Kodak Picture Spot« zeigt den Standort für die beste Kamera-Perspektive ...
Bus 21, 22, 24

Alcatraz 👥 nordwestlich ■ b 2, S. 81
Viele Legenden ranken sich um **The Rock**, die unwirtliche Gefängnisinsel in der San Francisco Bay. Er galt als sicherster Knast der Welt, und es gibt keinen Beweis, dass jemals ein Flüchtling lebend die Freiheit erreichte: Zu kalt ist das Wasser der Bay, zu stark die Strömung. 1963 wurde das Zuchthaus jedoch aus Kostengründen aufgegeben und steht inzwischen unter Denkmalschutz. Wo einst Machinegun Kelly, Al »Scarface« Capone und Robert »The Birdman« Stroud im seinerzeit größten Betongebäude der Welt ihre Strafen verbüßten, schieben sich heute die Touristen durch vergitterte Gänge und über den eingezäunten Hof.

ALAMO SQUARE – CABLE CARS

Der Abstecher auf die Insel lohnt trotz des Besucherandrangs: Man kann frei auf der Insel und im ehemaligen Zellenblock herumspazieren und per Walkman den hervorragend gemachten Erläuterungen lauschen.

Die Fahrten zur Insel sind oft ausgebucht; am meisten Glück hat man morgens und unter der Woche. Reservierung unbedingt ratsam! Fähren der Blue & Gold Fleet ab Pier 41/Fisherman's Wharf; Tel. 705-5555; tgl. 9.30–16.15, Do–So auch 18.15 und 19 Uhr; Fahrpreis inkl. Eintritt 10 $

Angel Island ■ B 2, S. 81
Das Ellis Island der Westküste inmitten der Bay: Einwanderer aus dem Pazifikraum mussten früher hier in einer Quarantäne-Station auf die Erledigung ihrer Einreise-Formalitäten warten.

Heute steht die autofreie Insel unter Denkmal- bzw. Naturschutz, und es gibt sogar eine Rotwildherde. Ideal für Picknick, Spazierengehen und Sonnenbaden vis-à-vis der Stadt. Bei schönem Wetter kann es allerdings recht voll werden.

Fähren der Blue & Gold Fleet ab Pier 41 (nur am Wochenende); Tel. 705-5555; ab 10 $; Barbecue-Tour mit Rendezvous Charters; Preise und Zeiten unter Tel. 543-7222

Cable Cars
1873 erfand Andrew Hallidie die pferdelosen Kutschen. Mit Erfolg: Um 1900 ließen acht Gesellschaften 600 der an einem unterirdischen Seil gezogenen Gefährte auf einem 170 km langen Streckennetz herumfahren. Die Technik blieb bis heute unverändert: Mit einer zangenähnlichen Vorrichtung greift der **grip man** durch den Schlitz zwischen den Schienen und packt unter dem Straßenniveau das von einer zentralen Antriebsstation mit konstanten 15 Stundenkilometern gezogene Drahtseil. Lässt er los, verlangsamt sich die Fahrt. Auf Gefällestrecken helfen drei verschiedene Bremssysteme, das urige Vehikel zum Stehen zu bringen.

Heute werden nur noch drei Linien mit einer Gesamtlänge von 16 km unterhalten. Von morgens um 6 bis 1 Uhr nachts sind bis zu 37 Cable Cars

Wegzeiten (in Fahrminuten mit öffentlichen Verkehrsmitteln) zwischen Sehenswürdigkeiten

	Fisherman's Wharf	Civic Center	Museum of Modern Art	Union Square	Powell Station	Coit Tower	Fort Mason	Golden Gate Park	Nob Hill	Transamerica Pyramid
Fisherman's Wharf	–	20	18	12	15	15	8	45	8	12
Civic Center	20	–	6	6	4	25	18	20	15	18
Museum of Modern Art	18	6	–	6	6	25	25	30	12	15
Union Square	12	6	6	–	3	20	25	30	8	15
Powell Station	15	4	6	3	–	20	20	28	8	12
Coit Tower	15	25	25	20	20	–	18	40	20	12
Fort Mason	8	18	25	25	20	18	–	30	15	20
Golden Gate Park	45	20	30	30	23	40	30	–	40	35
Nob Hill	8	15	12	8	8	20	15	40	–	15
Transamerica Pyramid	12	18	15	15	12	12	20	35	15	–

SEHENSWERTES

unterwegs: auf der **Powell & Mason Line** zwischen Market und Bay Street nahe Fisherman's Wharf, der eindrucksvollen und meist überfüllten **Powell & Hyde Line**, die von der Market Street über Nob Hill und Russian Hill entlang der steilen Hyde Street zum **turntable** an der Beach Street führt, und auf der **California St. Line**, die ohne spektakuläre Kurven, aber mit beträchtlichen Steigungen der California Street zwischen Embarcadero/Market Street und Van Ness Avenue folgt.

Die **Cable Car Barn**, Ecke Mason und Washington Street, ist zentrale Betriebsstation, Garage, Werkstatt und Museum für das mobile Wahrzeichen der Stadt. Täglich von 10 bis 17 Uhr kann man hier kostenlos die riesigen Schwungräder und Spannvorrichtungen betrachten sowie kurze Filme, Cable-Car-Veteranen und Modelle der 57 verschiedenen Fahrzeugtypen anschauen.

Die einfache Fahrt kostet 3 $, und der **conductor** schafft es immer, alle Fahrgäste zu kontrollieren. Doch fast noch wichtiger als das Bezahlen ist die Umsicht beim Auf- und Absteigen – »Watch the traffic!«

The Cannery 🍴　　　■ B 5, S. 114
Als der Del-Monte-Konzern diese 1906 erbaute größte Pfirsichkonservenfabrik der Welt stilllegte, gewann die Stadt ein ungewöhnliches Objekt: Im soliden Backsteinkoloss entstand auf mehreren Ebenen ein Shopping Center mit Cafés, Restaurants und Veranstaltungsbühnen.
Jefferson und Beach St./Fisherman's Wharf; Bus 30, 42; Cable Car Powell & Hyde Line

Castro District　　　■ a 1/a 2, S. 77
Die allgegenwärtige Regenbogenfahne signalisiert: Der Castro District ist eine Welt für sich – hier lebt die **gay community**. San Franciscos kreative Kulturszene wäre ohne die Schwulen und Lesben undenkbar, deren langjähriges Bemühen um Anerkennung und Selbstbehauptung für alle Bewohner ein tolerantes Miteinander ermöglicht hat.

Seit den siebziger Jahren haben sich hier immer mehr Homosexuelle angesiedelt und die heruntergekommenen **Victorians** des Stadtteils liebevoll restauriert. Am unmittelbarsten spürt man den ungezwungenen Lebensstil entlang der Castro Street, deren Wahrzeichen das 1922 erbaute **Castro Theater** ist (→ Am Abend, S. 59), ein Kino, in dem passend das jährliche **Lesbian and Gay Film Festival** stattfindet.

Männer, die in den Bars miteinander flirten, Macho-Gehabe auf der Straße, vielfältige Service-Angebote von Gays für Gays und Geschäfte mit lasterhaften Spielzeugen im Schaufenster – das ist das lustbetonte Gesicht des Castro-Viertels. Daneben fällt die Politisierung ins Auge. Das Thema AIDS begegnet dem Besucher überal. Neben dem Stolz und Selbstbewusstsein der Schwulen ist ihre Entschlossenheit im Kampf gegen die Krankheit und die Solidarität mit den Betroffenen im Alltag dieses Viertels spürbar. Das **AIDS Memorial Quilt** – ein riesiges kollektives Totentuch für die AIDS-Opfer – kann in Teilen im Büro des **Names Project** angeschaut werden (2362 Market Street, tgl. 9–17 Uhr geöffnet, Eintritt frei).
Straßenbahn Linie F

China Beach　　　■ C 9, S. 116
An diesem auch **James D. Phelan Beach** genannten Sandstreifen, der einen tollen Blick auf die Golden Gate Bridge bietet, vergisst man die Nähe zur Großstadt. Leider machen die starke Strömung und das eisige Wasser das Schwimmen unmöglich.
Bus 29, dann zu Fuß über die Seacliff Avenue

City Hall
→ Civic Center, S. 34

CABLE CARS – CHINA BEACH

Oben: Die verzierten Fassaden der vielen tausend viktorianischen Häuser – jede eine Sehenswürdigkeit für sich.

Mitte: San Franciscos Amüsiermeile – der Broadway in North Beach – lockt bei Dunkelheit Nachtschwärmer zu sinnlichen Vergnügungen.

Unten: Lampengirlanden führen zum Lichtermeer San Franciscos – die Bay Bridge bei Nacht, von Yerba Buena Island aus betrachtet.

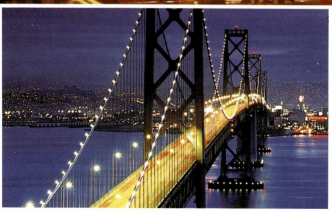

SEHENSWERTES

Civic Center ■ B 8, S. 114
Das Civic Center ist das politische und teilweise auch kulturelle Zentrum der Stadt – auch wenn es nicht jenen Glanz annimmt, den die Politiker hier gern sehen würden. Mittelpunkt ist die **City Hall**, das bereits fünfte Rathaus der Stadt, das zwischen 1912 und 1915 erbaut wurde. Die Architekten John Bakewell und Arthur Brown jr. nahmen sich für den 120 m langen und 92 m hohen Kuppelbau den Petersdom in Rom zum Vorbild. Nachdem das Erdbeben von 1989 den vorübergehenden Auszug des elfköpfigen Stadtrates, des Bürgermeisters und der hier untergebrachten Verwaltungsteile notwendig machte, ist mit dem Abschluss der Grundsanierung erst im Jahr 2001 zu rechnen.

Die Civic Center Plaza östlich des Rathauses wird mehr von Obdachlosen als von Touristen aufgesucht, doch finden hier auch häufig politische und kulturelle Veranstaltungen statt. Der Neubau der **Public Library** Ecke Larkin und Grove Street bescherte San Francisco die modernste Stadtbibliothek der westlichen Welt.

Edler wirkt die Westseite des Areals: Gegenüber vom Rathaus säumen hier Musentempel die Van Ness Avenue: Im **Veteran's Building** (401 Van Ness Ave.) war bis vor kurzem das Museum of Modern Art zu Gast. Inzwischen wird das Gebäude für anderweitige kulturelle Zwecke und Sonderausstellungen genutzt (Öffnungszeiten je nach Veranstaltung). Gleich südlich schließt sich das **War Memorial Opera House** an, ein Performing Arts Center mit 3525 Sitzplätzen. Am 26. Juli 1945 wurde hier die Charta der Vereinten Nationen unterzeichnet. Den Abschluss dieser kulturellen Trinität bildet die benachbarte hochmoderne **Louise M. Davies Symphony Hall** (201 Van Ness Ave.). Von den 33 Millionen Dollar Baukosten kamen bis zur Fertigstellung 1980 erstaunliche 28 Millionen Dollar aus der Hand privater Spender. Als optisches Gegenstück greift das **California State Office Building** Ecke MacAllister Street nördlich die Formen der Symphony Hall wieder auf.
BART Civic Center Station

Cliff House 🏃‍♂️ ■ A 10, S. 116
Manche kommen wegen des Ausblicks, andere wegen des Kuchens: Traditionell befindet sich seit 1850 am westlichsten Zipfel der Stadt hoch oben auf den Klippen ein Ausflugslokal, auch wenn die Vorläufergebäude mehrfach zerstört wurden. Das heutige, äußerlich schlichte Cliff House wurde 1909 errichtet und 1950 umgebaut. Aus seinen opulenten Galeräumen bieten sich tolle Aussichten auf die Seal Rocks und den Pazifik. Die Speisekarte ist auf Seafood und kalifornische Küche ausgerichtet.

Im Parterre bietet das **Musée Mécanique** eine bunte Zusammenstellung mechanischer Spielgeräte, die nach Münzeinwurf Musik machen, Bilder zeigen, Figuren wandern lassen und allerlei andere ungewöhnliche Dinge vollführen. Der Eintritt ist zwar frei, aber für die Automaten sollte man dennoch ausreichend Münzen mitbringen. Eine **Camera obscura** projiziert ein 360-Grad-Panorama auf die Wände des Raumes (Eintritt 1 $).
1090 Point Lobos Avenue/Ocean Beach; Tel. 386-3330; Bus 5, 18; tgl. 10–21 Uhr (Restaurant), 10–19 Uhr (Musée Mécanique), 11–19 Uhr (Camera obscura)

Coit Tower 🏃‍♂️ ■ D 6, S. 115
Lillie Hitchcock Coit war eine Wohltäterin der Stadt und hinterließ ihr 1929 eine beträchtliche Summe, um das Erscheinungsbild von San Francisco zu verschönern. Mit dem Geld wurde 1933 auf dem Telegraph Hill der 70 m hohe Coit Tower errichtet. Damals war der Bau um-

CIVIC CENTER – FORT MASON

stritten, doch heute stört sich niemand mehr an seinem Äußeren. Von der Spitze in 150 m Höhe über dem Meeresspiegel hat man den wohl schönsten Blick auf Stadt und Golden Gate. Im gratis zugänglichen, verglasten Sockel sind 16 Fresken im Stil des sozialistischen Realismus zu betrachten, die Szenen aus Kaliforniens Arbeits- und Lebenswelt zeigen und zur Entstehungszeit einen heftigen politischen Streit auslösten.

Im Pioneer Park, gleich unterhalb des Turms, steht eine Statue von Christoph Columbus. Südlich des Turms führen die Filbert Steps Richtung Bay und in die Zauberwelt der **Grace Marchant Gardens** – ein idyllisches Kleinod inmitten der Metropole (→ Spaziergänge, S. 74).
Telegraph Hill Blvd.; Bus 39; tgl. 10–18 Uhr; Eintritt zum Turm 3 $

Columbus Tower ■ b 2, S. 77
→ Spaziergänge, S. 72

Embarcadero Center Skydeck
■ DE 6, S. 115
Im 41. Stockwerk des Embarcadero Center kann man herumspazieren und sich die Stadt von oben anschauen. Auch wenn zuweilen der Blick nur bis zum nächsten Wolkenkratzer reicht – an klaren Tagen lohnt das Panorama den Weg herauf.
One Embarcadero Center; Front & Sacramento Street; Bus 1, 41; BART Embarcadero Station; tgl. 12–21 Uhr; Eintritt 5 $

Fisherman's Wharf 👫 ■ B 5, S. 114
Es riecht nach Meer und Fisch, Mövengeschrei liegt in der Luft – wären nicht die vielen Menschen, Geschäfte und Touristenbusse, könnte man sich an der Wharf in die Zeit zurückversetzt fühlen, als italienische Einwanderer hier an der Northern Waterfront einen florierenden Fischereihafen anlegten. Noch heute landen die Kutter ihren Fang an, der in zahlreichen offenen Ständen und Restaurants frisch zubereitet wird. Im Wasser dümpeln Yachten und Charterboote für Hochseeangler; entlang der Embarcadero Street wechseln sich acht Blocks weit T-Shirt-Läden und Souvenir-Shops ab.

»Fisherman's Wharf has everything under the sun« – nun, dieses touristische Hauptziel San Franciscos bietet, recht betrachtet, mit seinen 200 Läden und 150 Restaurants fast denselben bunten Rummel, wie man ihn auch in anderen Städten dieser Welt findet. Doch die vielen Attraktionen finden reichlich Zuspruch: Kulinarische Genüsse, Spazierfahrten mit Kutsche oder Fahrradriksha, Straßenmusiker und Artisten, dazu der Blick auf Alcatraz und die Golden Gate Bridge haben Fisherman's Wharf einen führenden Platz unter den Touristenzielen Amerikas eingebracht. Man sollte sich einfach auf das emsige Treiben einlassen (→ San Francisco mit Kindern, S. 63).
Fisherman's Wharf; Bus 32; Cable Car Powell & Mason oder Powell & Hyde Line

Fort Mason ■ A 5, S. 114
Einst gehörten dem Militär ein paar der schönsten Winkel San Franciscos, die heute öffentlich zugänglich sind. Als die Kasernen des Fort Mason der zivilen Nutzung übergeben wurden, konnte der Aquatic Park nach Westen verlängert werden. In die zum »Fort Mason Center for the Arts, Humanities, Recreation, Education and Ecology« umgewidmeten Gebäude zogen mehrere kleine Museen und Galerien, eine Kunstschule, Bibliotheken, Radiostationen, Naturschutzverbände und andere »friedliche« Nutzer ein. Restaurants, zwei Theater, mehrere Bühnen und eine große Grünanlage lassen das Fort zu einem nicht-kommerziellen Anziehungspunkt für die Northern Waterfront werden.

Drei der vier ehemaligen Kasernen beherbergen heute kleine Museen:

Sehenswertes

Es gibt das **San Francisco Craft & Folk Art Museum** für naive Kunst und Kunsthandwerk (Building A, Tel. 775-0990, Di-Fr und So 11–17, Sa 10–17 Uhr, Eintritt 3 $), das **Museo ItaloAmericano** (Building C, Tel. 673-2200, Mi–So 12–17 Uhr, Eintritt 2 $) mit Wechselausstellungen der Werke italienischer Künstler oder Künstler italienischer Abstammung sowie das **Mexican Museum** in Building D (→ Museen und Galerien, S. 50). Im **San Francisco Children's Art Center** (Building C, Tel. 771-0292, wechselnde Öffnungszeiten je nach Workshop) kann sich der künstlerische Nachwuchs üben.
Zwischen Van Ness Ave., Bay und Laguna St.; Bus 28

Ghirardelli Square ■ B 5, S. 114
Diese 1894 erbaute ehemalige Schokoladenfabrik ist ein Musterbeispiel dafür, wie man leer stehende Industriegebäude touristisch attraktiv nutzen kann. Da die Geschäfte und Lokale etwas teurer sind als an der Wharf, ist der Rummel hier geringer. Der Innenhof ist ein toller Ort, um die berühmte Ghirardelli-Schokolade zu probieren.
Beach und North Point St.; Bus 30, 42; Cable Car Powell & Hyde Line

Golden Gate Bridge ■ B 1, S. 112
Als der Architekt Richard Strauss vom Brückenbau über das Golden Gate schwärmte, hielten ihn alle für verrückt. Obwohl er schon mehrere Hundert solcher Bauwerke realisiert hatte, prophezeite man ihm, er werde sich an 97 m Wassertiefe und den starken Strömungen die Zähne ausbeißen. Am 28. Mai 1937 wurde nach zwanzigjähriger Vorbereitung und viereinhalb Jahren emsiger Arbeit sein Traum doch wahr und die Golden Gate Bridge für den Verkehr freigegeben. Mehr als eine Milliarde Fahrzeuge haben seither die 2,7 km lange Brücke überquert, die mittels 130 000 km Stahldraht an zwei 227 m hohen Pylonen 97 m über dem Wasserspiegel aufgehängt ist. Strauss' Fantasie hatte nur für drei Millionen Autos pro Jahr gereicht – heute sind es mehr als 45 Millionen per annum, Tendenz steigend. Fast 300 000 Kubikmeter Beton bilden die Fundamente; das Bauwerk hält Winden bis 160 km/h und sogar Erdbeben stand.

Ein schönes Erlebnis ist ein Spaziergang oder eine Radtour über die Brücke nach Norden Richtung Sausalito – wenn auch eine windige Angelegenheit! Selbst an sonnigen Tagen muss man unbedingt eine Jacke mitnehmen, denn unterwegs bieten nur die beiden Pylone Schutz vor den kalten pazifischen Böen. Wer den ganzen 10 km langen Weg absolvieren will, erreicht vom Nordende der Brücke aus via Bridgeway Avenue den ehemaligen Fischerort **Sausalito** und kehrt von dort am besten per Boot in die Stadt zurück (Golden Gate Ferry zum Ferry Building, 4.25 $; Blue & Gold Fleet zur Pier 41, 5.50 $). Bus 28, 29 bis Toll Plaza am Südende der Brücke; Fuß- und Radwege tgl. bis Sonnenuntergang geöffnet

Golden Gate Park 👫
■ A–F, S. 116/117; A 14-15, S. 118
Mit einer Länge von fast 5 km und einer Breite von 600 m zählt diese Anlage zu den größten städtischen Parks der Welt. Bei einem Spaziergang oder einer Fahrt durch die üppige Vegetation kann man sich nur schwerlich vorstellen, dass das Areal ursprünglich aus trockenen Sanddünen bestand. Doch mit gärtnerischen Tricks vollbrachte Landschaftsplaner John MacLaren ein kleines Wunder. Heute lustwandelt man unter Eukalyptus und Redwoods, genießt den Schatten von Rhododendren und Fuchsien, pflückt einen kleinen Imbiss von Kirsch-, Pflaumen- und Apfelbäumen.

FORT MASON – GOLDEN GATE PARK

Oben: Krebse und Schalentiere aus der Bay werden an den vielen Straßenständen von Fisherman's Wharf fangfrisch zubereitet.

Mitte: Die einst umstrittenen Wandgemälde im Coit Tower werden heute als farbenprächtiger Bilderbogen kalifornischen Lebens geschätzt.

Unten: Der Hyde Street Pier vermittelt einen Eindruck jener Zeit, als San Franciscos Hafenanlagen noch eine wichtige Rolle im Leben der Stadt spielten.

SEHENSWERTES

Mehr als 1000 Millionen Fahrzeuge sind bereits durch die berühmten roten Torbögen der Golden Gate Bridge gerollt.

Darüber hinaus ist der Park ein idealer Ort zur Freizeitgestaltung: Da die Straßen an Sonn- und Feiertagen für Autos geschlossen werden, kosten Skater und Fahrradfahrer, Skateboarder und Jogger die ungefährdeten Freiräume in vollen Zügen aus. Drachen steigen, Würste brutzeln auf dem Grill, Volleyball und Fußball, Tennis und Golf locken Sportfreunde. Kulturinteressierte besuchen das **Asian Art Museum** oder die **California Academy of Sciences** (→ MERIAN-Tipp, S. 52). Man kann auf dem **Stow Lake** rudern, im **Strybing Arboretum** 7000 verschiedene Pflanzenarten studieren, im japanischen Teegarten meditieren, die Bisonherde beobachten, sich über den Inhalt seines Picknick-Korbs hermachen, und und und …

Einen besonderen Service bieten die **Golden Gate Park Stables**: Hier kann man die Räder mit vier Pferdebeinen vertauschen und reiten, reiten lernen oder auf Ponys im Park ein paar Runden drehen. Preise ab 40 $/Std. Anmeldung erforderlich. Bus 6, 7, 29, 44, 71
Golden Gate Park Stables ■ b 3, S. 31
John F. Kennedy & 36th Ave.; Tel. 668-7360; Di–So 7–19 Uhr

Grace Cathedral ■ C 7, S. 114
Nein, dies ist nicht Paris – wenngleich die erdbebensicher aus Beton erbaute Grace Cathedral eine unbestreitbare Ähnlichkeit mit Notre Dame aufweist. Auch an diesem Gotteshaus wurde lange gearbeitet. Zwischen 1927 und 1964 entstand auf einem vom Erdbeben 1906 verwüsteten Grundstück die klassische Kathedrale nach Entwürfen von Lewis P. Hobart. Das Tor schmückt eine Replik der »Paradiestüren« von Lorenzo Ghiberti; es zeigt zehn Reliefdarstellungen mit Szenen aus dem Alten Testament. In den modernen Glasfenstern sind bedeutende Amerikaner des 20. Jh. wie Albert Einstein, Präsident »Teddy« Roosevelt, der Industrielle Henry Ford, der Astronaut John Glenn und die Feministin Jane Addams porträtiert.
California St./Nob Hill; Bus 27; Cable Car Powell & Mason und Powell & Hyde Line; tgl. 10–18 Uhr; Eintritt frei, Spende erbeten

Haas-Lilienthal House ■ B 7, S. 114
Zuerst schaut man sich die zwischen 1880 und der Jahrhundertwende erbauten **Victorian Houses** ehrfürchtig und fasziniert an, später werden sie zur vertrauten Kulisse – schließlich gibt es noch 14 000 dieser hölzernen Meisterwerke. Eines aber bleibt ein Unikat: das Haas-Lilienthal House, ein weitläufiges, privates Märchenschloss, in dem sich viele Baustile verbinden. Zudem ist es die einzige private Villa, die besichtigt werden kann.
2007 Franklin St./Pacific Heights; Bus 12; Touren Mi 12–15.15, So 11–16.15 Uhr; Eintritt 5 $

GOLDEN GATE PARK – JAPANTOWN

Haight-Ashbury ■ AB 14-15, S. 118
Wann und wie es genau anfing, hat wohl niemand richtig bemerkt. Tatsache ist jedoch, dass im Stadtteil Haight-Ashbury, im Mekka der Hippiebewegung, die Idee dieser Subkultur bereits 1967 rituell zu Grabe getragen wurde, weil die Kommerzialisierung zu stark wurde. Scott McKenzies Song über die Blumen im Haar popularisierte einen Mythos, der längst nur noch äußeres Abbild eines auf Frieden und Kreativität, Kollektiv und Selbstverwirklichung ausgerichteten Lebensentwurfes war.

Ein Bummel über die **Haight Street** zwischen Buena Vista Park und Golden Gate Park gleicht einer Zeitreise in die Sixties. Ob in Buch- oder Plattenläden und den zahllosen Klamottengeschäften, ob in Cafés und Restaurants oder ganz einfach in den Szenen auf der Straße: Der Summer of Love scheint noch nicht lange vorüber zu sein. Und man muss kein hoffnungslos sentimentaler Nostalgiker sein, um an einem Bummel durch dieses bunte Allerlei Spaß zu haben. Wer sich auf die Spuren der damaligen Stars begeben will, kann sich am Haus der Rockgruppe **Grateful Dead** (710 Ashbury St.) oder an der Adresse 112 Lyon Street 30 Jahre zurückträumen: Damals wohnte hier eine noch unbekannte Sängerin, die bald mit der Band **Big Brother and the Holding Company** von sich reden machte, aber durch ihren exzessiven Lebenswandel zerstört wurde. Ihr Name: Janis Joplin.
Bus 6, 7

Hyde Street Pier ■ B 5, S. 114
Wo früher die Passagier-, Auto- und Eisenbahnfähren ablegten, um in Richtung Sausalito das Golden Gate zu überqueren, haben heute historische Schiffe festgemacht. In dieser Open-air-Abteilung des **National Maritime Museum** (→ Museen und Galerien, S. 50) können der voll getakelte Schoner »C. A. Thayer« aus dem Jahr 1895, die 1886 in Schottland auf Kiel gelegte »Balclutha« (mit der vielfach das Kap Hoorn umrundet wurde), das Frachtschiff »Alma« aus dem Jahr 1891, das Schaufelraddampfboot »Eppleton Hall«, der Hochseeschlepper »Hercules« und das 1890 erbaute Fährschiff »Eureka« besichtigt werden. Letzteres transportierte zwischen 1922 und 1941 pro Fahrt bis zu 2300 Passagiere und 120 Autos über die Bay. Manchmal werden einzelne Schiffe für längere Zeit zur Restaurierung ins Dock nach Sausalito verlegt. Bus 30 und 32; Cable Car Powell & Hyde Line; tgl. 10–17, im Sommer 10–18 Uhr; Eintritt 4 $

Japantown
■ F 3-4, S. 113; A 7-8, S. 114
Mehr als 12 000 Japaner leben in San Francisco, aber die wenigsten von ihnen wohnen in diesem auch **Nihonmachi** genannten Stadtteil nördlich des Geary Expressway. Das Viertel hat kein so exotisches Gepräge wie Chinatown. Das reizvollste Ambiente findet man in dem als Fußgängerpassage ausgewiesenen Abschnitt der Buchanan Street zwischen Sutter und Post Street oder rings um die Cottage Row.

Das Herzstück von Nihonmachi ist das 1968 erbauten **Japan Cultural and Trade Center**, ein drei Straßenzüge langer Komplex mit Geschäften, Restaurants und Büros. Hier lässt sich der Ferne Osten pur genießen – ob kulinarisch oder in Form asiatischer Erzeugnisse; Freunde bewegter Bilder können im Kabuki Cinema japanische, koreanische und andere fernöstliche Filme im Original oder in synchronisierter Version anschauen. Rings um das Japan Center beschränkt sich das Flair jedoch zumeist auf Straßenschilder in japanischer Schrift – an asiatische Gesichter hat man sich in San Francisco gewöhnt ...
Bus 2, 3, 4, 38

Sehenswertes

Kong Chow Temple ■ C 7, S. 114
Als zum Ende des 19. Jh. immer mehr Chinesen nach San Francisco kamen, brachten sie ihre Religion mit – und zum Teil auch ihre Armut. Bis heute gibt es daher **Benevolent Associations** – auf Clans wie die Wangs, Engs oder Lees ausgerichtete Wohlfahrtseinrichtungen, bei denen jeder Chinese mit dem entsprechenden Namen Unterstützung findet und die jeweils im Dachgeschoss ihrer Gebäude einen taoistischen Tempel unterhalten. Derlei Andachtsstätten liegen traditionell auf Bergen, und in der Stadt nimmt man halt den höchsten mit baulichen Mitteln zu erreichenden Punkt als Standort für heilige Schreine. Ein Tempel liegt hoch über Chinatown im vierten Stockwerk des Kong Chow Buildings. Sein Altar wird von 17 Gottheiten geziert, darunter Kwan Ti, Gott des Friedens und des Krieges. Man hat von den Balkons einen schönen Blick auf die Stadt, sollte aber bitte nur draußen fotografieren.
855 Stockton St./Chinatown; Bus 1, 30, 45; tgl. 10–16 Uhr; Eintritt frei

Lombard Street ■ B 6, S. 114
Sie gilt als »krummste Straße der Welt«. Jeden Tag stehen oben an der Hyde Street die Besucher der Stadt mit ihren Kameras und schauen zu, wie sich die Autos die mit Ziegeln gepflasterte Serpentinenstraße zwischen gepflegten Blumenbeeten zur Leavenworth Street hinabschlängeln. Die Lombard Street ist so stark frequentiert, dass sie Mitte der neunziger Jahre von Grund auf neu angelegt werden musste. Wie auch immer: Man befährt diese Straße einfach aus Spaß an der Freude, und vielen gilt sie als die für San Francisco typische Straße schlechthin – obgleich die Vermont Street am Potrero Hill noch steiler und in noch schärferen Kurven bergab führt.
Cable Car Powell & Hyde Line

Mission Dolores ■ D 15, S. 119
Im Jahr 1776 besiedelten die ersten Spanier den Ort des späteren San Francisco und gründeten das befestigte Presidio und die Mission. 15 Jahre später entstand ein festes Gotteshaus. Dieser erste Steinbau der Stadt steht noch heute: Das winzige Kirchlein der Missionare wurde im Jahr 1791 von Indianern erbaut, die die Padres zuvor christianisiert hatten. Spuren ihrer Kultur finden sich an den Deckenbalken im Inneren, die mit dem Flechtmuster ihrer Körbe bemalt sind. Auf dem Friedhof hinter der Kirche wurden viele frühe Siedler und Prominente beigesetzt, nach denen heute Straßen benannt sind – für die Indianer gab es keine Grabsteine. Die **Mission Dolores Basilika** gleich neben der Missionskirche verrät in ihrer prachtvollen Außenfassade einen stark lateinamerikanischen Einschlag.
3321 16th Street/Mission District; Bus 22; BART 16th Street Station; tgl. 9–16 Uhr; Eintritt 1 $

Murals in der Balmy Street
■ c 3, S. 77
Im Bereich des Mission Districts gibt es mehrere hundert farbenprächtige Wandbilder (**murals**) – eindrucksvoller Ausdruck des Lebensstils, der Kultur und der Politik der hier ansässigen Hispanics. Die Bewegung zur ästhetischen Prägung des Viertels nahm 1971/1972 in der Balmy Street ihren Ausgang, einer kleinen, bis heute immer wieder neu gestalteten Gasse zwischen Gartenzäunen und Garagentoren. Um arbeitslosen Jugendlichen eine Beschäftigung zu geben und sie für ihre Umgebung zu interessieren, initiierten und leiteten Künstler dieses Projekt. Später stellte die Stadtverwaltung den Jugendlichen das Material kostenlos zur Verfügung.

Bis heute entstehen im Viertel immer wieder neue großflächige **mu-**

rals. Dass manche irgendwann überklebt, verändert oder völlig beseitigt werden, gehört zum selbstverständlichen Umgang der Bewohner mit dieser öffentlichen Kunst.
Zwischen 24th und 25th Street, parallel zu Treat Ave. und Harrison St.; Bus 48; BART 24th Street Mission Station
Mission Murals Walk
Der Rundgang führt zu den Wandbildern im Hispanic-Viertel unter Führung eines Künstlers.
Tel. 285-2287; Dauer 2 Std.; Ab 4 $

Nob Hill ■ B 7, S. 114
Man weiß nicht, ob der Name von »Snob« oder von »Nabob« abgeleitet wird – Tatsache ist aber, dass auf diesem markanten Hügel die Reichsten der Reichen einst ihre Villen bauen ließen: die Eisenbahnbarone Crocker, Stamford und Hopkins oder der Saloonbesitzer und Spekulant James Flood. Nur sein 1886 aus Sandstein gebauter Wohnsitz überstand das Erdbeben von 1906 und beherbergt heute den exklusiven **Pacific Union Club** (1000 California St.).

Zu den Domizilen auf dem von Robert Louis Stevenson »Hill of Palaces« genannten Nob Hill zählen heute einige der nobelsten Hotels der Stadt: Das **Fairmont** (950 Mason St.) ist – allerdings unter dem Namen **St. Gregory** – aus der Fernsehserie »Hotel« bekannt, und das **Mark Hopkins International** (999 California St.) wird außer für seinen Service auch wegen der Dachbar **Top of the Mark** gerühmt. Architekturfreunde werden außer der **Grace Cathedral** (→ S. 38) auch die weiße Marmorfront des gegenüber gelegenen **Masonic Temple Auditorium** (1111 California St.) oder die im kleinen Huntington Park aufgestellte Replik der 1585 von Taddeo Landini und Giacomo Della Porte geschaffenen **Fontana della Tartarughe** anschauen wollen.
Cable Car California St., Powell & Mason und Powell & Hyde Line

Palace of Fine Arts ■ E 1-2, S. 113
Schöne Künste sucht man hier vergebens, und auch von einem Palast kann keine Rede sein: Als San Francisco 1915 mit der Panama-Pacific-Exhibition den Wiederaufbau nach dem Erdbeben zelebrierte, entstand unter den vielen Ausstellungsgebäuden auch ein Komplex im Stil eines römischen Palastes. 1959 wurde der Palace of Fine Arts instandgesetzt. Er beherbergt seit 1969 das **Exploratorium** (→ San Francisco mit Kindern, S. 62).
3601 Lyon Street/Marina; Bus 28, 30

Pier 39 ■ C 5, S. 114
Der Pier 39 erscheint älter, als er ist – wurde er doch erst vor gut einem Jahrzehnt aus verwittertem Holz auf dem ehemaligen Schiffsanleger errichtet. 110 Geschäfte, zehn Restaurants und mehrere spektakuläre Attraktionen locken jährlich 10,5 Millionen Besucher an. Damit gehört Pier 39 zu den zehn beliebtesten Tourismus-Attraktionen der USA. Neben T-Shirts, Cola und Popcorn kann man durchaus Ungewöhnliches entdecken – so etwa die sich hier ausbreitende Seelöwenkolonie: Hunderte dieser Tiere haben im K-Dock auf Pontons ihren Stammplatz gefunden und räkeln sich träge in der Sonne. Ranger geben Erläuterungen und schützen die **Sea Lions** vor Störungen.

Mit der Geschichte der Stadt – inklusive eines simulierten Erdbebens – macht **The San Francisco Experience** vertraut. **Turbo Ride** und **Cinemax Theatre** laden zu ungewöhnlichen sinnlichen Vergnügen ein, und die auf der zentralen Bühne agierenden Gaukler und Straßenmusiker tragen ihrerseits zur Lebendigkeit bei (→ San Francisco mit Kindern, S. 63).
Bus 32; Cable Car Powell & Mason Line

SEHENSWERTES

Presidio CD 2-3, S. 112
Als **Juan Bautista de Anza** am 17. September 1776 das Presidio als erste militärische Befestigung an der Bay gründete, entzog er das riesige Areal für fast 200 Jahre der zivilen Nutzung. Seit 1974 durften auch »Normalsterbliche« das Gelände betreten, 1994 wurde es der Nationalpark-Verwaltung übereignet. San Francisco gewann ein unschätzbares urbanes Kleinod: Auf 600 ha Fläche mit über 500 Gebäuden gibt es elf Meilen Wander- und 14 Meilen Fahrradwege, drei Meilen Strand, Zypressen- und Redwood-Wälder, ein kleines Museum, einen Golfplatz und unübertrefflich schöne Ausblicke auf die Stadt und das Golden Gate.

Noch sind die Planungen für das Presidio des 21. Jh. nicht abgeschlossen, aber auf jeden Fall wird diese riesige grüne Lunge als Naturschutzgebiet erhalten bleiben und für die Öffentlichkeit weiter erschlossen werden. Um das weitläufige Areal zu erkunden, sollte man zumindest über ein Fahrrad verfügen. Informationen und Kartenmaterial im **Visitor Center**
Main Post; Tel. 561-4323; Bus 28, 29, 43 Presidio; tgl. 8–18 Uhr, Presidio Army Museum Mi–So 10–16 Uhr; Eintritt frei

Saint Mary's Cathedral B 8, S. 114
1971 entstand auf einem ehemaligen Supermarktgelände eines der baulichen Highlights der Stadt: Mehrere Architekten und zahllose Arbeiter schufen die neue Saint Mary's Cathedral (die alte steht in der California Street in Chinatown). Die sich nach oben verjüngende, 60 m hohe Kuppel ist Kirchenschiff und Turm zugleich. Vier senkrechte Fensterreihen treffen unter dem Dach kreuzförmig aufeinander; ihre Farben Rot, Grün, Blau und Weiß symbolisieren die vier Elemente. Der Altar ist mitten im Raum platziert und an drei Seiten von Bänken umgeben. Die Orgel mit 4842 Pfeifen stammt aus der Meisterwerkstatt Ruffati in Padua. 7000 Aluminiumstäbe bilden über dem Altar ein wundervolles Mobile. Horizontal öffnen große Fenster den Blick nach draußen und heben die Grenze zwischen Kircheninnerem und -äußerem auf.
Gough St./Geary Expressway; Bus 38; tgl. 10–18 Uhr; Eintritt frei, Spende erbeten

San Francisco-Oakland Bay Bridge
 F 7, S. 115
Eigentlich ist sie ein Bauwerk der Superlative, doch steht die Brücke im Schatten ihrer berühmten Schwester: Die San Francisco-Oakland Bay Bridge wurde 1936, ein halbes Jahr vor Eröffnung der Golden Gate Bridge, dem Verkehr übergeben. Sie ist mehr als doppelt so lang und verkraftet doppelt so viel Verkehr. Nur: Ihr fehlt die magische Schönheit.

Um die Massen der Autos, Lastwagen, Motorräder und sonstigen Gefährte bewältigen zu können, wurden die Fahrbahnen übereinander angeordnet: Auf dem Oberdeck fährt man mit tollem Blick auf die Stadt von Oakland nach Westen, auf dem düsteren Unterdeck geht's aus San Francisco heraus Richtung East Bay. Im östlichen Abschnitt ist die Brücke eine Stahlträgerkonstruktion, durchquert dann Yerba Buena Island mittels eines Tunnels und führt schließlich als ansehnliche Hängebrücke in die Stadt.

Die Tage der Bay Bridge sind gezählt, seit 1989 beim Loma-Prieta-Erdbeben ein Segment im östlichen Brückenteil nachgab und einige Autos in die kalten Fluten stürzten. Der Streit zwischen schlichter Nutzbarkeit und ästhetischen Ansprüchen lebte 1998 wieder auf, als erste Pläne für eine völlig neue und nun definitiv erdbebensichere Brücke vorgelegt wurden – nach Meinung der meisten Kritiker mangelte es dem Entwurf an der nötigen Grazie. Wie

PRESIDIO – SAN FRANCISCO-OAKLAND BAY BRIDGE

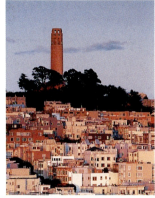

Oben: North Beach mit Telegraph Hill und Coit Tower könnte auch fern von Amerika an südeuropäischen Gestaden liegen.

Mitte: Von den Ausstellungsgebäuden des Palace of Fine Arts ist kaum mehr als ein Säulendickicht übrig geblieben (→ S. 41).

Unten: Die Sea Lions am Pier 39 lassen sich durch die zahlreichen Zuschauer nicht aus der Ruhe bringen (→ S. 43).

Sehenswertes

auch immer die Diskussion ausgehen wird – der Neubau der Bay Bridge dürfte San Francisco im ersten Jahrzehnt des neuen Jahrtausends vor ungeahnte Verkehrsprobleme stellen ...

Telegraph Hill ■ CD 5-6, S. 114/115
Bis 1850 hieß diese markante Erhebung schlicht **Goat Hill**, »Ziegenhügel«. Schon vor über 150 Jahren signalisierte ein Ausguck hier oben mit Flaggenzeichen, welche Schiffe sich der Bay näherten. Lief das Schiff in den Hafen ein, standen die Händler schon bereit und rissen sich um die exotischen Frachten. 1850 übernahm eine Telegrafenstation diese Aufgabe des Mannes mit den Fahnen, was zur Umbenennung des Hügels führte. Seit 1933 ist der **Coit Tower** (→ S. 34) eine Touristenattraktion ersten Ranges, doch auch ein Spaziergang durch die vielen Straßen und kleinen Sackgassen dieses Gebietes vermittelt aufschlussreiche Einblicke in eines der schönsten Wohnviertel San Franciscos. Und man sollte sich hier auch nur zu Fuß fortbewegen – die raren Parkplätze sind zumeist den Anwohnern vorbehalten, und oben beim Coit Tower bilden sich lange Autoschlangen.
Bus 39

Transamerica Pyramid ■ D 6, S. 115
San Franciscos zweites, 260 m hohes Wahrzeichen erhebt sich dort, wo Columbus Avenue und Montgomery Street aufeinandertreffen, und ist erdbebensicher auf hydraulisch gefederten Fundamenten erbaut. Das Gebäude entstand zwischen 1969 und 1972, ist Hauptsitz der Transamerica Corporation (einem Banken- und Versicherungskonsortium) und bietet 1500 Menschen einen Arbeitsplatz. Die frühere Aussichtsplattform ist leider geschlossen, aber man kann in einem virtuellen Observatorium in der Lobby ein paar auf dem Dach montierte Kameras per Knopfdruck bewegen und sich so in viele Winkel der Stadt hineinzoomen. Die merkwürdigen Ausbuchtungen im oberen Bereich des 260 m hohen Gebäudes sind übrigens die Enden der Fahrstuhlschächte.
Montgomery St./Washington St.; Bus 15, 41; tgl. 10–19 Uhr; Eintritt frei

Twin Peaks ■ B 16, S. 118
Besonders nachts hat man von der zweithöchsten Erhebung der Stadt – den knapp 280 m hohen Twin Peaks – eine überwältigende Aussicht auf San Francisco und die Bay. Wie auf dem Präsentierteller liegen unten die Mission, der Castro District, Downtown, der Financial District, South of Market. Der ideale Ort, um am letzten Tag des Aufenthaltes das nächtliche Lichtermeer zu genießen – sofern kein Nebel herrscht ...
Straßenbahn Linie F, dann Bus 37

Underwater World ■ C 5, S. 114
Ein gläserner Tunnel durch ein riesiges Aquarium zeigt zum Greifen nah die Tier- und Pflanzenwelt der Bay und der kalifornischen Pazifikküste – eine faszinierende Ozeantauchfahrt im Trockenen. Langsam transportiert ein Förderband die Besucher durch die Anlage. Wer in Ruhe etwas näher betrachten möchte, kann sich jederzeit an die Seite stellen und zu Fuß durch den Tunnel gehen. Per Discman werden Erläuterungen zu Krebsen, Haien, Rochen, Tintenfischen und anderen Meeresbewohnern geliefert – toll aufbereitete Meeresbiologie! Und manchmal kann man auch einen Taucher bei der Pflege der Anlage beobachten.
Pier 39; Bus 32; tgl. 10–20 Uhr; Eintritt 13 $

Das moderne Kirchenschiff der Saint Mary's Cathedral erhält durch das Spiel von Farbe, Licht und Form eine fast unwirklich erscheinende Atmosphäre (→ S. 42.

SAN FRANCISCO-OAKLAND BAY BRIDGE – UNDERWATER WORLD

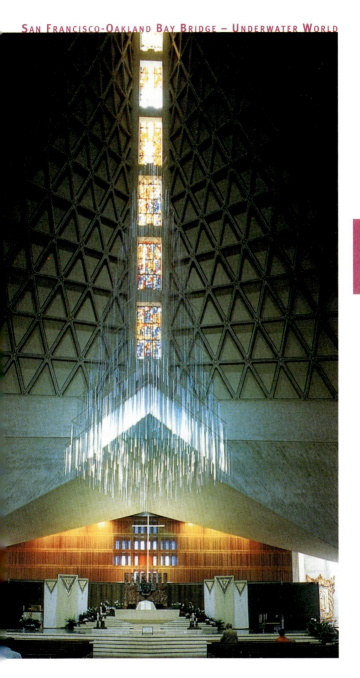

MERIAN-Tipp

Barbary Coast Trail Eine 3,8 Meilen lange Strecke verbindet 20 mittels in den Bürgersteig eingelassener Messingplaketten gekennzeichnete historische Stätten und führt an sechs Museen vorbei. Ausgangspunkt ist die **Old Mint** aus dem Jahr 1874, dann geht es zur ehemaligen Siedlung **Yerba Buena** am heutigen Portsmouth Square, durch **Chinatown** und via **North Beach** zu den Piers am nördlichen **Embarcadero**. Endpunkt ist das **Maritime Museum** bzw. **Ghirardelli Square**. Der Spaziergang führt durch die Geschichte der Barbary Coast, des Pony Trails, des Goldrausches und des Erdbebens von 1906. Man sollte dafür einen ganzen Tag einplanen.
www.barbarycoasttrail.com

Union Square ■ CD 7, S. 114/115
Dieser von Palmen und Buchsbaumhecken gesäumte zentrale Platz in Downtown San Francisco ist der Mittelpunkt eines noblen Einkaufsviertels. Teure Restaurants, das luxuriöse Westin St. Francis Hotel, Kaufhäuser wie Macy's, Saks Fifth Avenue und Neiman-Marcus, Geschäfte wie Tiffany, Gucci, Laura Ashley und Cartier sind hier zu finden.

Der Anblick des Platzes lässt kaum vermuten, dass sich darunter eine schon 1941 angelegte Tiefgarage befindet. 1902 wurde die 32 m hohe Granitsäule errichtet, auf deren Spitze eine Victory-Figur an den Sieg von Admiral Deweys Flotte im amerikanisch-spanischen Krieg von 1898 erinnert.

Gleich um die Ecke in der Stockton Street wurde in die Eingangsstufen des Hyatt Hotel ein Brunnen integriert. Nach einer Idee von Ruth Asawa zeigen 41 Reliefs Szenen aus dem Alltag der Stadt. Das Kunstwerk wurde unter Beteiligung von 250 Einwohnern San Franciscos erst aus Brotteig geformt und dann in Bronze gegossen. Vor einiger Zeit wurde das früher grellbunt erleuchtete, sehr kitschig wirkende Wasserspiel durch eine Blumenpflanzung ersetzt.
Bus 30, 38, 45; Cable Car Powell & Mason und Powell & Hyde Line

USS Pampanito ■ BC 5, S. 114
Die Pampanito ist ein 1943 gebautes Unterseeboot, das im Zweiten Weltkrieg fünf japanische Schiffe versenkte und heute besichtigt werden kann. Man klettert vom Achtersteven bis zum Bug durch die engen Gänge und Abteilungen des Schiffes und bekommt per Funkübertragung Erläuterungen zum Leben und Dienst an Bord. Aus den Berichten ehemaliger U-Bootfahrer im O-Ton entsteht so eine anschauliche Vorstellung der damaligen Bedingungen. Die Stippvisite im Schiff erfordert manche Kletterpartie, ist also für Besucher mit Handicaps nicht zu empfehlen.
Pier 45/Fisherman's Wharf; Bus 32; tgl. 9–18, im Sommer 9–21 Uhr; Eintritt 7 $

Wells Fargo History Museum
■ D 7, S. 115
Zur Pflege der eigenen Geschichte unterhält die Wells Fargo Bank im Tiefparterre ein Museum. Da das Geldinstitut schon zur Zeit des **Gold Rush** Bankniederlassungen im Wilden Westen unterhielt, sind neben originalen Postkutschen auch Gerätschaften aus Goldminen und Nuggets ausgestellt. Historische Fotos dokumentieren die damaligen Verhältnisse. Es gibt Münzen zu sehen, die der selbst ernannte Kaiser von San Francisco – Emperor Norton

UNION SQUARE – YERBA BUENA GARDENS

– in Umlauf brachte. Eine Abteilung ist den Frauen im Westen gewidmet.
420 Montgomery Street/Financial District; Tel. 396-2619; BART Montgomery Street Station; Mo–Fr 9–17 Uhr; Eintritt frei

Yerba Buena Gardens ■ D 7–8, S. 115
Innerhalb eines Jahrzehnts hat sich der Stadtteil South of Market grundlegend verändert: Wo einst Parkplätze und verödete Gewerbeflächen das Bild bestimmten, erstrecken sich heute die Yerba Buena Gardens, ein urbanes Zentrum mit der größten Konzentration an Kunst westlich des Hudson River. Außer im **San Francisco Museum of Modern Art** (→ Museen und Galerien, S. 52) wird sie vor allem im **Yerba Buena Center for the Arts** in Form wechselnder Ausstellungen präsentiert. Zum 9 ha großen Areal gehören neben dem **Moscone Center**, in dem Messen und Kongresse stattfinden, eine beliebte Parkanlage, das neue **Zeum Children's Center** (→ MERIAN-Tipp, S. 63) und der **Sony Metreon Entertainment Complex** mit Kinos, interaktiven Installationen, Läden und Restaurants. Bis zum Jahr 2003 erhalten auch das **Mexican Museum** und das **Jewish Museum** neue Räumlichkeiten entlang der Mission Street.

Zusammen mit dem **San Francisco Museum of Modern Art** und dem **Ansel Adams Center for Photography** (→ Museen und Galerien, S. 49) entsteht so ein Komplex, der acht bis zehn Millionen Besucher pro Jahr anlocken soll.
Yerba Buena Center for the Arts;
701 Mission St./SoMa; Tel. 541-0312;
Bus 14, 15, 30; BART Powell Street Station;
Di–Sa 11–18 Uhr; Eintritt 6 $

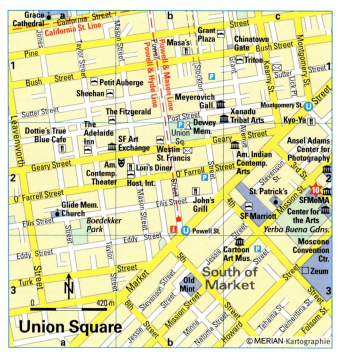

MUSEEN UND GALERIEN

Oldtimer und Gemälde, Dinosaurierskelette und Karussells, Computerkunst, Wachsfiguren, alte Schiffe: Die Museen der Stadt bieten interessante Objekte aus der ganzen Welt.

American Indian Contemporary Arts – Asian Art Museum

Mehr als vierzig Museen und eine Vielzahl an Galerien gibt es in San Francisco. Leider steht ihr Bekanntheitsgrad hinter der Qualität der Kollektionen zurück, was aber für Besucher eine Chance bietet: Auch abseits ausgetretener Kulturpfade sind hier noch eindrucksvolle Entdeckungen möglich.

Mit dem Neubau des **Museum of Modern Art** hat eine neue Ära für die Musentempel der Stadt begonnen. Nachdem nun die beachtlichen Bestände dieses Hauses angemessen dargeboten werden können, sollen in den kommenden Jahren South of Market weitere Neubauten folgen. Neben der »Museumsinsel« im Golden Gate Park wird der Komplex der **Yerba Buena Gardens** ein zweites kulturelles Zentrum bilden und den Dornröschenschlaf San Franciscos als Museumsstadt beenden.

Neben den Häusern von internationalem Rang – **Asian Art Museum, California Palace of the Legion of Honor, SF MoMa (San Francisco Museum of Modern Art)** – existiert eine Reihe weiterer Museen, die regionaler Geschichte und Kultur gewidmet sind. Auf faszinierende Weise lässt sich hier das Phänomen San Francisco in historischen und gegenwärtigen Facetten erleben und studieren.

Über die offiziellen Museen hinaus gibt es verschiedene kleine, meist private Häuser mit ungewöhnlichen Objekten und Sammlungen zu historischen und kulturellen Themen. Hierzu gehören das Theatermuseum, das Feuerwehrmuseum oder die Ausstellung zur Geschichte von North Beach.

Das Museum of Modern Art und das Pacific Bell Building bereichern South of Market um einen prägnanten architektonischen Kontrast.

Kulturinteressierte können die Eintrittskosten deutlich senken, indem sie mit einem MUNI-Pass (→ MERIAN-Tip, S. 106) Rabatte nutzen oder beim ersten Besuch eines größeren Museums den **CityPass** erwerben, der Preisnachlässe auch für den Zoo bzw. auf Bay-Touren der Blue & Gold Fleet gewährt (der CityPass lohnt sich nur bei mehreren Museumsbesuchen). Ähnliche Vergünstigung bietet der **Golden Gate Park Explorer Pass**. Am ersten Mittwoch des Monats wird darüber hinaus in vielen Häusern freier Eintritt gewährt.

Museen

American Indian Contemporary Arts ■ c 2, S. 47
Einzigartiges Angebot von Gemälden, Drucken und Skulpturen bekannter und kommender indianischer Künstler. Wechselnde Ausstellungen. Laden für Handarbeiten, Körbe, Keramik, Bücher und Musik.
23 Grant Ave., 6th Floor; Tel. 989-7003; BART Powell oder Montgomery Street Station; Di–Fr 10–17.30, Sa und So 12–17 Uhr; Eintritt frei

Ansel Adams Center for Photography ■ D 8, S. 115
Vier Galerien mit wechselnden Ausstellungen sind der zeitgenössischen Fotografie gewidmet, eine fünfte zeigt in Dauerpräsentation ausschließlich die Arbeiten von Ansel Adams, dem wohl berühmtesten Naturfotografen Amerikas.
655 Mission St./SoMa; Tel. 495-7000; Bus 30, 45; tgl. 11–17, Do 11–21 Uhr; Eintritt 7 $

Asian Art Museum ■ E 10, S. 117
Olympia-Fürst Avery Brundage wählte 1966 San Francisco als Standort für seine riesige Sammlung asiatischer Kunstwerke aus sechs Jahrtausenden. Gezeigt werden Keramik und Porzellan, Schnitzereien, Lackarbeiten, Teppiche, Aquarelle und Arbeiten

MUSEEN UND GALERIEN

aus Naturmaterialien. Die Herkunft der Exponate reicht von Indien über China bis Japan.
Golden Gate Park; Tel. 379-8800; Bus 44; Mi-So 10-17 Uhr; Eintritt 7 $

Bay Area Discovery Museum
nördlich ■ B 1, S. 112
Früher bewachte das **East Fort Baker** die Einfahrt zur Bay, heute beherbergt es ein besonders für Kinder geeignetes Museum zur Geschichte und Naturkunde der Bay.
557 McReynolds Road/East Fort Baker; Tel. 487-4398; Bus 76; Di-So 10-16 Uhr, im Sommer 10-17 Uhr; Eintritt 7 $

California Palace of the Legion of Honor ■ B 9, S. 116
Prächtig liegt der Kunstpalast – eine Replik des Pariser »Palais de la Légion d'Honneur« – im Lincoln Park und bietet einen atemberaubenden Blick auf Pazifik und Golden Gate. Drinnen präsentiert sich die größte Sammlung französischer und europäischer Kunst außerhalb der Alten Welt: 4000 Werke alter und neuer Kunst aus Europa, darunter eine umfassende Kollektion Rodin-Skulpturen, ferner Werke von El Greco, Rembrandt, Monet, Degas, Picasso.
34th Avenue/Lincoln Park; Tel. 750-3600; Bus 18; Di-So 9.30-17 Uhr; Eintritt 7 $

Cartoon Art Museum
→ San Francisco mit Kindern, S. 62

Chinese Historical Society of America ■ c 2, S. 77
In ein paar kleinen Kellerräumen wird mittels Fotos und ein paar Exponaten liebevoll die Geschichte und Kultur der chinesischen San Franciscans dokumentiert.
652 Commercial St./Chinatown; Bus 1, 15; Mo 13-16, Di-Fr 10-16 Uhr, Sa und So geschl.; Eintritt frei, Spende erbeten

Exploratorium ■ E 2, S. 113
→ San Francisco mit Kindern, S. 62

The Mexican Museum ■ A 5, S. 114
Die kleine Kollektion dokumentiert den reichhaltigen kulturellen Einfluss aus dem südlichen Nachbarland: Kunst aus dem Mutterland sowie Werke und Objekte von Chicanos und Latinos verdeutlichen die Assimilation der Ästhetik, sei es in Skulpturen, Malerei namhafter Künstler wie Frieda Kahlo oder kunsthandwerklichen Produkten.
Fort Mason Center, Building D; Tel. 441-0445; Bus 28; Mi-Fr 12-17, Sa und So 11-17.30 Uhr; Eintritt 3 $

National Maritime Museum
■ B 5, S. 114
Das kleine Art-déco-Gebäude in Gestalt eines **Ocean Liners** beherbergt eine Sammlung zur Seefahrt an der Pazifikküste und im Bereich der Bay: Schiffstypen werden erklärt, und man kann Galionsfiguren und Kompasse bewundern. Eine lebendig aufbereitete Präsentation lässt den historischen Frachtverkehr entlang der Küste anschaulich werden.
900 Beach Street/Fisherman's Wharf; Tel. 556-3002; Bus 32; Cable Car Powell & Hyde Line; tgl. 10-17 Uhr; Eintritt frei

Ripley's Believe It or Not Museum
→ San Francisco mit Kindern, S. 63

San Francisco Art Institute
■ BC 5, S. 114
Kunstakademie, im mexikanischen Kolonialstil erbaut. Im Innenhof sind Skulpturen der Studenten ausgestellt. Sehenswert ist die **Diego Rivera Gallery** mit einem von dem Künstler gefertigten Fresko. Cinemathek mit Experimental- und Kunstfilmen. Allein wegen des Terrassen-Cafés im Stil Le Corbusiers mit Blick auf Downtown ein lohnendes Ziel.
800 Chestnut St./Russian Hill; Tel. 771-7020; Bus 30; Cable Car Powell & Hyde Line; Di-Sa 10-17, Do 10-20, So 12-17 Uhr; wechselnde Öffnungszeiten im Sommer; Eintritt frei

ASIAN ART MUSEUM – SAN FRANCISCO ART INSTITUTE

Oben: Der kleine Friedhof hinter der Mission Dolores ist heute ein Ort unbefangener Lebensfreude (→ S. 40).

Mitte: Das Dach des Schifffahrtsmuseums ist wie das Oberdeck eines Dampfers gestaltet.

Unten: Das San Francisco Art Institute ist ein Ort der Begegnung zwischen Künstlern und Publikum.

MUSEEN UND GALERIEN

San Francisco Museum of Modern Art ■ D 7, S. 115
In Mario Bottas neuem Gebäude zeigt das Kunstmuseum endlich auf fünf Stockwerken einen Großteil seiner Sammlungen. Vom lichtdurchfluteten offenen Treppenhaus gehen mehrere Galerien ab, deren Ausstellungsschwerpunkte US-Kunst des 20. Jh. sowie Architektur, Fotografie, Design und Media Art sind. Die Objekte des Hauses werden in immer wieder neuen Zusammenstellungen gezeigt.
151 Third St./SoMa; Tel. 357-4000; Bus 15, 40, 45; BART Montgomery oder Powell Station; Di–So 11–18, Do 11–21 Uhr, Mo geschl.; Eintritt 7 $

Wax Museum
→ San Francisco mit Kindern, S. 63

Yerba Buena Center for the Arts
→ Yerba Buena Gardens, S. 47

❗ MERIAN-Tipp

California Academy of Sciences Das naturhistorische Museum präsentiert auf hervorragende Weise Exponate von Saurierskeletten über lebendige Reptilien bis hin zu Meteoriten. Außerdem beherbergt es das fantastische Steinhart Aquarium, das Morrison Planetarium und die Earth & Space Hall. Hier kann man sich einen ganzen Tag lang von den Wundern der Meere, der Erde und des Weltalls faszinieren lassen. Ein Erlebnis der besonderen Art beschert der Erdbebensimulator. Golden-Gate Park, Tel. 750-7145, Bus 44, tgl. 10–17, im Sommer 10–19 Uhr, Eintritt 7 $ ■ F 11, S. 117

Galerien

Meyerovich Gallery ■ b 1, S. 47
Galerie für moderne und zeitgenössische Kunst. Hier kann man Originalwerke von Grigory Bruskin, Robert Chadwick, Marc Chagall, Keith Haring, David Hockney, Roy Lichtenstein, Henry Matisse und anderen erwerben.
251 Post St., 4th Floor; Tel. 421-7171; Bus 30, 45; Mo–Fr 9.30–18, Sa 10–17 Uhr und nach Absprache

Neverland/The Dreaming Room
■ b 1, S. 77
Mystisch-okkulte Objekte und Installationen wie aus einem Rausch oder einer Traumwelt füllen die verwinkelten Räume dieses ehemaligen Ladens. Im benachbarten Geschäft kann man viele Objekte auch kaufen.
241 Columbus Ave./North Beach; Tel. 788-7883; So–Di 12–23, Fr und Sa 12–24 Uhr

San Francisco Art Exchange
■ a 2, S. 47
Galerie für moderne Kunst, die sich auf die Pin-Ups von Alberto Vargas in Originalen, Entwürfen und Drucken sowie Arbeiten des Rolling-Stones-Gitarristen Ron Wood spezialisiert hat.
458 Geary St./Union Square; Tel. 441-8840; Bus 38; Mo–Mi 9–18, Do–Sa 9–23, So 10–18 Uhr

Xanadu Tribal Arts ■ b 1/c 1, S. 47
Im klassischen Frank-Lloyd-Wright-Gebäude bietet diese exklusive Galerie ethnisch-folkloristische Werke vornehmlich aus afrikanischen Ländern. Zwei Abteilungen sind naiver Kunst von anderen Kontinenten und Bernsteinerzeugnissen gewidmet.
140 Maiden Lane/Union Square; Tel. 392-9999; Bus 30, 38, 45; Mo–Sa 10–18 Uhr

EINKAUFEN

Jeansvorrat aufgefrischt, San-Francisco-T-Shirt gekauft und noch nicht Ebbe im Reisebudget? Kein Problem: An der Bay gibt es unzählige Gelegenheiten zum Shopping.

Tatsächlich bekommt man die robusten Hosen in der Welthauptstadt der Jeans erstaunlich günstig. Beim Sightseeing wird aber schnell deutlich, dass San Francisco weit mehr zu bieten hat als preiswerte Massenware. Vor allem in Vierteln mit individueller Prägung wie Chinatown, Haight-Ashbury oder dem Mission District sind exotische Überraschungen und ausgefallene Funde sicher – ob mysteriöse Heilkräuter, mexikanische Heiligenkerzen oder Artefakte der Hippie-Ära.

Manchmal allerdings sehen die Geschäfte aus, als wären sie nur für Insider oder eben Angehörige der jeweiligen Ethnie oder kulturellen Gruppe gedacht. Gehen Sie trotzdem hinein – je exotischer ein Laden ist, desto ungewöhnlichere Funde sind zu erwarten, und das Einkaufserlebnis schlägt jeden Besuch in einem Kaufhaus um Längen. Außerdem dürfte das Shopping hier auch billiger sein: In den kleineren Geschäften verkehrt ein normaleres Publikum, und hier darf auch gern um Preise gefeilscht werden.

Wer schick einkaufen will, ist im Bereich um den Union Square richtig. In South of Market haben sich diverse **Factory Outlets** angesiedelt, die im Fabrikdirektverkauf beachtliche Rabatte gewähren. An der Northern Waterfront zwischen Pier 39 und Fisherman's Wharf kann man sich mit Krimskrams und den üblichen touristischen Souvenirs eindecken.

Überraschend freundlich geht es in fast allen Geschäften zu: Amerika ist deutlich service-orientiert. Rings um die Market Street sind die Verkaufssitten stellenweise rauer. Mit supergünstigen Postkartenpreisen lockt man die Kunden in Läden und dreht ihnen dann mit allerlei teils unfreundlichen Tricks Fotozubehör oder elektronische Geräte an.

Die meisten Geschäfte haben von 10 bis 17 Uhr geöffnet, viele auch weit länger. Und so kommt man zu dem ungewöhnlichen Erlebnis, spät abends oder am Sonntag einen Shopping-Bummel machen zu können. In vielen Läden prangen große Schilder mit Aufschriften wie »sale«, »bargain«, »special price« – da ist Vorsicht geboten! Ausverkäufe sind jederzeit erlaubt, ohne dass man wirklich prüfen kann, ob die Ware verbilligt wurde. In den Touristen-Gegenden der Stadt ist der versprochene »Lowest Price in Town« gern übertehert. Und wer sich daheim informiert, merkt bald, dass CDs, Elektronik, Computer dort oft sogar billiger zu haben sind. Zumal man am Ende stets eine Art Mehrwertsteuer (**sales tax**) von 8,25 Prozent hinzurechnen muss, die auf den Preisschildern nicht ausgezeichnet ist …

Bezahlen lässt sich am einfachsten mit einer weit verbreiteten Kreditkarte. Viele kleine Geschäfte jedoch akzeptieren bei niedrigeren Beträgen ausschließlich Bargeld oder Reiseschecks in Dollar – und auch die nur mit kleinen Nennbeträgen.

Einkaufen

Bücher

City Lights Bookstore ◼ b 1, S. 77
Erster Taschenbuchladen der USA und einstiges Mekka der Beat Generation. Der Schriftsteller und Inhaber Laurence Ferlinghetti legt Wert auf ein herausragendes literarisches Sortiment. Manchmal Lesungen im berühmten Keller, wo man bis tief in die Nacht stöbern kann.
261 Columbus Ave./North Beach; Bus 15, 30; tgl. 10–24 Uhr

A Clean, well-lighted Place for Books ◼ B 8, S. 114
Gutes und umfangreiches Sortiment aller Gebiete, sehr kenntnisreiches Personal. Zwei bis drei Autorenlesungen pro Woche bei freiem Eintritt.
601 Van Ness Ave./Civic Center; Bus 42, 47, 49; tgl. 10–23, Fr und Sa bis 24 Uhr

Borders Books and Music
◼ C 7, S. 114
Große Filiale der Buchhandelskette mit 160 000 vorrätigen Titeln, vielen Sonderpreisen und CD-Abteilung. Bis spät abends geöffnet.
400 Post St./Union Square; Bus 2, 3, 4

Computer

CompuTown Inc. ◼ c 2, S. 47
Hier findet der Computerfreak die neuesten Errungenschaften aus der elektronischen Welt. Fragen Sie bei teuren Käufen nach Rückerstattung der **sales tax**.
710 Market St./Financial District; BART Montgomery Street Station

Erotika

Back Seat Betty ◼ AB 15, S. 118
Verwegene Hard-core-Dessous für die (weiblichen) Lack-und-Leder-Fans, dazu auch vergleichsweise biedere Oberbekleidung aus Samt und Spitze.
1584 Haight St./Haight-Ashbury; Bus 6, 7

Good Vibrations
südlich ◼ E 16, S. 119
Von Frauen betriebenes Spezialgeschäft für Erwachsenen-Spielzeug. Kaufgespräche über Vibratoren und anderes Zubehör, Bücher und Videos ohne Erröten.
1210 Valencia St./Mission District; Bus 26, BART 24th Street Station

Geschenke

The City Store ◼ C 5, S. 114
Parkuhren, Hundemarken, Bücher, Postkarten und Pflastersteine der Lombard Street.
Pier 39, 2nd Floor; Bus 32

Japonesque ◼ c 2, S. 77
Japanisches Geschäft mit Galerie-Charakter für Skulpturen überwiegend aus Stein. Meisterhaft bearbeitete Naturmaterialien als Ausdruck fernöstlicher Zen-Philosophie.
824 Montgomery St./Financial District; Bus 42, 83; So und Mo geschl.

Kaufhäuser

Macy's ◼ b 2, S. 47
Konsumtempel nach New Yorker Vorbild mit allen Produktsparten eines klassischen Kaufhauses inklusive Postamt, Café und Gourmet-Imbiss.
Stockton & O'Farrell St./Union Square; BART Powell Station

Neiman Marcus ◼ b 2, S. 47
Auf den ersten Blick »nur« ein Kaufhaus der gehobenen Klasse, auf den zweiten eine Fundgrube für Klamotten teils namhafter Hersteller.
150 Stockton St./Union Square; Bus 30, 45

San Francisco Shopping Center
◼ b 3, S. 47
Vier Stockwerke mit 90 Geschäften jeglicher Ausrichtung, dazu fünf Etagen des Nordstorm-Kaufhauses.
865 Market Street; BART Powell Street Station

BÜCHER – KAUFHÄUSER

Oben: Wenn es für die edlen Golfaccessoires von Tiger Woods nicht reicht, hat vielleicht der Trödler in der Stockton Street etwas Passendes ...

Mitte: Die bogenförmigen Rolltreppen geben dem Inneren des San Francisco Shopping Center eine besondere Raumwirkung.

Unten: Zwischen den Regalen des legendären City Lights Bookstore können Literaturfreunde leicht Ort und Zeit vergessen.

Einkaufen

Für Kinder

F.A.O. Schwarz 👶👶 ■ b 2, S. 47
Barbie Gallery, Kuscheltiere, Space Invaders oder Lego und Co.: Hier findet sich alles, was Kinderaugen leuchten und Eltern um das Reisebudget bangen lässt.
48 Stockton St./Union Square; Bus 30, 45

The Gap ■ b 2, S. 47
Größtes Angebot der Stadt an **Casual Clothing**: Jeans, T-Shirts und Sweater – auch für Erwachsene.
890 Market St./Union Square; BART Powell Street Station

Kurioses

Light Opera Gallery ■ c 2, S. 47
Eine Entdeckungsreise für das Auge: High-End-Kaleidoskope in grenzenloser Vielfalt und mit unglaublichen optischen Effekten, dazu Briefbeschwerer und wuchtige Glaskunstwerke in zahlreichen Farben.
125 Geary St./Union Square; Bus 38, BART Montgomery Street Station

Uncle Mame 👶👶 ■ a 1, S. 77
Das skurrilste Plastikspielzeug aus Hollywoods Dream Factory und populärer Kultur: Comic- und Filmfiguren, **collectables**, Krimskrams.
2075 Market St./Castro District; Straßenbahn Linie F

Mode

Aardvark's Odd Ark ■ AB 15, S. 118
Secondhand-Klamotten in großer und äußerst bunter Auswahl: Ungeachtet der aktuellen Trends dominieren Batik-Shirts, Schlaghosen in Knallfarben aus Nylon oder Cord.
1501 Haight St./Haight-Ashbury; Bus 6, 7

Emporio Armani ■ c 2, S. 47
Klassische Kreationen von Georgio Armani in großer Auswahl, relaxte und seriöse Kleidung, Abendgarderobe, Kostüme, Jeans und Anzüge, dazu Schuhe, Accessoires und **wellness products**.
1 Grant Ave./Union Square; BART Powell Street Station

Esprit Direct ■ EF 8, S. 115
Warum anderswo höhere Preise bezahlen, wenn man diese Mode auch im **factory outlet** direkt kaufen kann? Auf die gesamte Produktpalette werden Rabatte bis zu 70 Prozent gewährt.
499 Illinois St./China Basin; Bus 15

Gianni Versace ■ c 1, S. 47
Neben der bekannten Kollektion des 1997 ermordeten Modedesigners für Frauen und Männer sind hier auch diverse von ihm gestaltete Accessoires, Uhren und Ausstattungsartikel vorrätig.
Crocker Galleria, 60 Post St.;
BART Montgomery Street Station

Mosaique ■ A 7, S. 114
Diese Boutique führt Modelle verschiedener Damenmoden-Designer aus dem Gebiet der San Francisco Bay und aus Los Angeles zu moderaten Preisen.
1908 Fillmore St./Fillmore District; Bus 22

Piedmont ■ AB 15, S. 118
Das schrillste Zubehör der Stadt für ungewöhnliches Outfit: Aus mehr als 400 Materialien werden hier binnen drei Tagen alle Kunden-Fantasien realisiert, ob aus Accessoires, Samt, Schmuck, Federn, Perlen oder Strass.
1452 Haight St./Haight-Ashbury; Bus 6, 7

Undercover ■ a 2, S. 77
Auf den ersten Blick »nur« bunter Fummel mit Lack und Geglitzer, auf den zweiten Kreationen kommender amerikanischer und europäischer Mode-Designer, die noch bezahlbar sind.
537 Castro St./Castro District; Bus 24, 35

Für Kinder – Schuhe

Wasteland ■ AB 15, S. 118
Schrille Klamotten aus einem großen Secondhandshop. Der Stil wechselt mit der aktuellen Mode, doch es bleibt unverwechselbar Haight-Ashbury, auch wenn längst Kreationen aus Leder, Lack und Vinyl neben Batikstoffen hängen.
1660 Haight St./Haight-Ashbury; Bus 6, 7

Wilkes Bashford ■ b 1/c 1, S. 47
Spezialgeschäft für qualitative Herrenmode, das zahlreiche weniger bekannte Designer aus dem Bay-Gebiet im Angebot hat. Entdeckungen zu erschwinglichen Preisen für alle, die sich nicht von großen Namen irritieren lassen.
375 Sutter St./Union Square; Bus 2, 3, 4

Musik

Amoeba Music ■ AB 15, S. 118
Einer der größten unabhängigen Plattenläden der Stadt: ein riesiger Raum mit unzähligen neuen und gebrauchten CDs, stets zu günstigen Preisen. Eigene Klassik-, Kassetten- und Video-Abteilung.
1855 Haight St./Haight-Ashbury; tgl. 10–22 Uhr; Bus 6, 7

Lark in the Morning ■ B 5-6, S. 114
Ob Rainstick oder Didjeridoo, Autoharp oder karibische Steeldrum, Okarina, Glasflöten, Mountain Dulcimer, Marimba, Tabla, Djembe – dieser Laden führt einfach alles, womit man Musik machen kann.
2801 Leavenworth St./The Cannery; Bus 32, Cable Car Powell & Hyde Line

Virgin Megastore ■ D 7, S. 115
Riesiger CD-Laden mit umfangreichem Angebot in mehreren gut sortierten Fachabteilungen. Außerdem gibt es Videos, Laser Discs, DVDs, eine Buchhandlung und ein Café.
2 Stockton St./Union Square; BART Powell Street Station; tgl. 9–22 Uhr

Porzellan/Keramik

Gumps ■ c 1, S. 47
Sehr altes Fachgeschäft für Westliches wie Fernöstliches: Antiquitäten aus Europa und Asien, Kunsthandwerk, Schmuck und Porzellan. Daneben auch moderne Produkte in breiter Auswahl.
135 Post St./Union Square; BART Montgomery Street Station

Schuhe

Shoe Biz ■ AB 15, S. 118
Vielleicht etwas umständlich zum Laufen, aber ein Fest für die Augen: Schuhe in schrillen Farben und ungewöhnlichen Formen, aus Plastik und Leder, mit Samt, Pailletten und Pelz besetzt.
1446 Haight St./Haight-Ashbury; Bus 6, 7

❗ MERIAN-Tipp

Musikladen Ritmo Latino
Ein Stück südliche Lebensart an der Bay: In diesem auf Latino-Musik spezialisierten CD-Geschäft dominiert eine Musikrichtung, die auch bei uns immer populärer wird. Für Salsa und Merengue, Banda und Son, TexMex und Conjunto, für Musik aus Mexiko und Kuba, Brasilien oder Puerto Rico die richtige Adresse. Hier finden sich Interpreten und Stile, die man daheim gar nicht erst zu suchen braucht ... 2401 Mission St./Mission District, BART 16th Street Mission Station ■ b 2, S. 77

AM ABEND

Ob Theater oder Kabarett, Musik oder Kneipen, ob Klassik oder Avantgarde: San Francisco ist ein Zentrum für abwechslungsreiches Nachtleben und hochkarätiges Entertainment.

So sehr sich die San Franciscans auch über bestehende Grenzen und Schranken hinwegsetzen – eine Einschränkung ist nicht zu ignorieren: die Sperrstunde. Da hilft auch kein langes Zureden: Um 2 Uhr nachts endet der Ausschank von Alkohol in Kneipen, Bars und Clubs – ausnahmslos und überall in der Stadt!

Das intensivste und bunteste Nachtleben findet im Viertel South of Market statt, wo sich vor den Clubs und Diskotheken oft lange Warteschlangen bilden. Um den Union Square herum liegen die klassischen Theater und gemütliche Bars. Die Avantgarde-Adressen sind über das ganze Stadtgebiet verteilt.

Mit einem potentiellen Sechs-Millionen-Publikum im Bay-Gebiet ist San Francisco allemal groß genug, um auch internationale Stars anzuziehen. Vor allem im Herbst und Winter gibt es daher ein hervorragendes Angebot an Konzerten, Aufführungen und **performances**.

Bass Tickets verkauft Eintrittskarten für Veranstaltungen aller Art (auch für Sport). Büros finden sich am Union Square (TIX Bay Area, 215 Stockton St.) und in den Plattenläden The Wherehouse oder Tower Records. Bestellung und Info per Telefon: 510/762-2277.

Auch ein relativ neuer Trend bereichert das Abendprogramm: Vor gut zehn Jahren entstand in Berkeley die erste Kneipen-Brauerei. Inzwischen werden rings um die San Francisco Bay in mehr als 50 **Brew Pubs** hervorragende Biere gebraut.

Bars

Backflip ■ B 8, S. 114
Eine Kreuzung aus fünfziger Jahre und **space age**: Springbrunnen und gepolsterte Sitznischen, Plastiksessel und viele Spiegel. Das megaschicke Publikum an der Bar nippt gelassen an skurrilen Cocktails oder erlesenem Flaschenbier.
601 Eddy St./Civic Center; Bus 31; tgl. 17–2 Uhr

Beach Chalet Brewery and Restaurant ■ A 11, S. 116
Zu Bier und verschiedenen Gerichten wird ein kostenloser Augenschmaus geboten: Im Foyer zieren großflächige historische **murals** die Wände, draußen hat man Ausblick auf den Pazifik. Am Wochenende sollte man einen Tisch reservieren.
1000 Great Highway; Tel. 386-8439; Bus 5, 18; So–Mi 9–23 Uhr, Do–Sa 9–2 Uhr

The Caribbean Zone ■ DE 7, S. 115
Diese Bar ist eine blaue Wellblech-Hütte unter einer Autobahnbrücke mit Kunstpalmen und einem ausrangierten Flugzeug im Inneren. Der Name steht für die Musikrichtung. Freitags Latin Jazz live.
55 Natoma St./SoMa; BART Montgomery Street Station; Mo–Fr 11.30–2.30, Dinner Mo–Do 17–22, Fr und Sa bis 23, Happy Hour 16–19 Uhr; bei Veranstaltungen Eintritt 10 $

Twenty Tank Brewery ■ E 14, S. 119
Dieses Lokal im Stil einer Studentenkneipe hat mehr als zehn selbst gebraute Biere und wechselnde Ange-

BARS – KNEIPEN

bote aus anderen **Brew Pubs** im Programm. Kleine Mahlzeiten, Pizzas, mexikanische Snacks werden serviert. Dienstags bis donnerstags Live-Jazz.
316 11th St./SoMa; Bus 42; tgl. 11.30–2 Uhr

View Lounge ■ c 2, S. 47
Cocktails und ausgewählte Biere im 39. Stockwerk. Pianomusik und toller Blick über die Bay sind im Preis inbegriffen – genau der richtige Ort, um in den Sommerabend hineinzuträumen.
San Francisco Marriott; 55 4th St./SoMa; Bus 30, 45; BART Powell Station; tgl. 12–2 Uhr

Diskotheken

The Endup ■ D 8, S. 115
Von außen etwas triste Disko mit sehr langer Öffnungszeit, wo irgendwann unweigerlich die Nachtschwärmer des Viertels zusammenkommen. Im verschwiegenen Innenhof sprudeln nachgemachte Niagara-Fälle. Samstags und montags beliebte »Club Dread«-Reggae-Nächte.
401 Sixth St./SoMa, Bus 42; Mo–Fr 16–3.30, Fr–So bis 6 Uhr; Eintritt 4 $

V/SF ■ E 14, S. 119
Ein rauchfreier Diskotheken-Komplex mit vier Bars und beheizter Dachterrasse, wo sich die Reichen und Schönen ein Stelldichein geben.
278 11th St./SoMa; Bus 42; tgl. 20–1 Uhr; Eintritt 7 $

Kino

Castro Theater ■ a 1, S. 77
Dieses Kino, dessen Leuchtreklame zum Wahrzeichen des Viertels wurde, zeigt klassische Streifen und Avantgarde-Produktionen. Jährlich im Juni findet hier das **Gay & Lesbian Film Festival** statt, und vor jeder Show spielt eine riesige Wurlitzer-Orgel.
429 Castro St./Castro District; Tel. 621-6120; Bus 35

Kneipen

Eddie Rickenbacker's ■ D 7, S. 115
Mischung aus britischem Pub und Studentenkneipe mit ungewöhnlichem Touch: Unter der Decke hängen alte Motorräder, und eine Modellbahn fährt durch den Raum. Während der Happy Hour ab 17 Uhr gibt es köstliche Snacks gratis.
133 Second St./SoMa; BART Montgomery Street Station; tgl. 11–2 Uhr

Radio Valencia ■ b 3, S. 77
Typische Kneipe des Mission District: Latinos und Punk-Bohème der Neunziger. Pizza und Chilies, Nachos und Bier vom Fass. Der Name steht für ein exquisites Musikprogramm. Der Inhaber ist ein ehemaliger Diskjockey, der diese neue Form von »Radio« erfand.
1199 Valencia St./Mission District; Bus 26, BART 24th Street Station; Mo und Di 17–24, Mi–So 12–24 Uhr

> ## ❗ MERIAN-Tipp
>
> **Party auf Rädern: Mexican Bus** Im bemalten Bus der Fifties geht's jeden Freitag- und Samstagabend für 30 Dollar zu drei Clubs mit Salsa, Rumba und anderer Latino-Musik. Schon auf dem Weg werden Tequilas und Margaritas sowie Grundkenntnisse im Tanzen geboten. Auch für eingefleischte Nicht-Tänzer ein tolles Erlebnis, und vielleicht springt hier ja der Funke über? Besonders praktisch: Man vermeidet in der Gruppe die sonst üblichen Warteschlangen. Information und Reservierungen unter Tel. 546-3747.

Am Abend

Vesuvio's ■ b 1, S. 77
Wo Jack Kerouac und Dylan Thomas tranken und Francis Ford Coppola am Drehbuch zum »Godfather« arbeitete. Vormittags treffen sich hier die North-Beach-Intellektuellen. Von den Fensterplätzen im ersten Stock lässt sich gut das Straßenleben beobachten.
255 Columbus Ave./North Beach; Bus 15, 30, 45; tgl. 18–2 Uhr

Konzerte

San Francisco Symphony
■ B 8, S. 114
Unter Leitung von Art Director Michael Tilton Thomas präsentiert das Orchester ein breites Programm von Kammermusik-Veranstaltungen, Gastauftritten großer Künstler und Dirigenten, offenen Probeabenden und Freiluftkonzerten.
Davies Symphony Hall; 201 Van Ness Ave./Civic Center; Tel. 864-6000; Bus 47, 49; Eintritt je nach Veranstaltung 8–100 $

Musiklokale

The Fillmore Auditorium ■ A 8, S. 114
Ein Ort der Rockgeschichte: Nach einem Erdbebenschaden ist Bill Grahams legendäres Fillmore West jetzt wieder geöffnet. Hervorragende Gigs in klassischer Umgebung, nur namhafte Bands und Musiker. Mit Bar und Restaurant.
1801 Geary Expressway/Fillmore District; Tel. 346-6000; Bus 38

Josie's Cabaret & Juice Joint
■ a 1, S. 77
Wo tagsüber vegetarische Salate und Säfte das Angebot bestimmen, gibt es allabendlich Live-Entertainment mit Kabarett oder Solo-Künstlern. Und wer im Karaoke-Stil selbst singen möchte, findet in den »open-mike nights« dazu Gelegenheit.
3583 16th St./Castro District, Tel. 861-7933; Straßenbahn Linie F; tgl. 9–24 Uhr; Eintritt je nach Veranstaltung 5–20 $

Julie's Supper Club ■ F 14, S. 119
Fantasievoll-schrill gestaltetes Restaurant mit Bar, Tanzfläche und Livemusik – meist Jazz und Swing – am Wochenende. Erster neuer **supper club** der Stadt, sehr trendy. Reservieren!
1123 Folsom St./SoMa; Tel. 861-0707; Bus 12; tgl. 17–2 Uhr

Up & Down Club ■ F 14, S. 119
Hier begann die Geschichte der South-of-Market-Jazz-Szene. Viele Konzerte junger Jazz-Musiker & DJ-Präsentationen.
1151 Folsom St./SoMa; Bus 12; tgl. 17–1 Uhr

Theater

American Contemporary Theater
■ b 2, S. 47
Diese Bühne ist auf US-Theater der Gegenwart spezialisiert und spielt Klassiker wie Tennessee Williams, George S. Kaufman und aktuelle Neuinszenierungen unbekannter Autoren.
450 Geary St./Union Square; Tel. 775-5811; Bus 38; Cable Car Powell & Mason bzw. Powell & Hyde Line; Di–Fr 20, Sa 14 und 20, Matineen Mi 14 und So 15 Uhr

Herbst Theater ■ B 8, S. 114
Dieser kleine Art-déco-Konzertsaal ist die Heimat des Kronos-Quartetts. Neben den schrillen **performances** des Streichquartetts gibt es literarische Lesungen und diverse Vorträge.
Veteran's Building; 401 Van Ness Ave./Civic Center; Tel. 621-5344; Bus 47, 49

Magic Theatre ■ A 5, S. 114
Kleines Theaterensemble, das seit 30 Jahren zeitgenössische sowie experimentelle Autoren und vor allem Stücke von Sam Shepard spielt.
Fort Mason, Bldg. D; Tel. 441-8001; Bus 28, 47, 49

War Memorial Opera House
→ Civic Center, S. 34

KNEIPEN – THEATER

Oben: Eddie Rickenbacker liebt amerikanisches Essen und gute Biere. Auch sammelt er alte Motorräder, die er kurzerhand in seiner Kneipe über den Tresen hängt.

Mitte: Aus dem Beatnik-Treff Vesuvio heraus fällt der Blick auf die verzierte Mauer des City Lights Bookstore.

Unten: Im Herbst Theater hebt sich der Vorhang heute nur noch für Musikdarbietungen und literarische Programme.

EXTRA: San Francisco mit Kindern

Basic Brown Bear Factory
östlich ■ F 15, S. 119
In dieser kleinen Stoffteddyfabrik können Kinder sich jederzeit ein noch leeres Tier aussuchen, es – mit fachlicher Hilfe – selbst ausstopfen,

Für die Kinder Spaß – für die Erwachsenen Kultur: San Francisco bietet vielfältige und immer neue Attraktionen.

baden und ganz nach eigenem Geschmack bekleiden. Die Führungen erklären den Herstellungsprozess.
44 De Haro Street/Potrero Hill; Tel. 800/554-1910; Bus 19; tgl. 10–17, So 12–17 Uhr; Führungen tgl. um 13, Sa auch um 11 Uhr

Cartoon Art Museum ■ D 8, S. 115
Hier stehen Geschichte, Formen und Stile von Cartoons und Comics als Kunstform im Mittelpunkt. Eigene Sammlung mit 11 000 Originalen von Walt Disney bis Robert Crumb.
814 Mission St./SoMa; Tel. 227-8666; Bus 14, 26; Mi–Fr 11–17, Sa 10–17, So 13–17 Uhr; Eintritt 5 $

Exploratorium ■ E 2, S. 113
Technik- und Wissenschaftsmuseum für Aktive: über 500 spannende und witzige Experimente, Apparate, Effekte. Das Exploratorium gilt als eines der besten Museen der USA.
Palace of the Fine Arts; 3601 Lyon St./Marina District; Tel. 563-7337, 561-0360 (Band); Bus 28, 30; Di–So 10–17, Mi bis 21.30 Uhr; Eintritt 9 $ (Ticket für mehrere Tage gültig)

Make A Circus
Von Juni bis August findet eine Serie dreistündiger Zirkus-Workshops statt, bei denen Kinder Clownskunststücke, Stelzenlauf, Jonglieren lernen

Spannung, Konzentration und Geduld: Das Exploratorium fesselt die Kinder mit aufregender Wissenschaft.

können und dann gemeinsam mit Profiartisten in einer Show zeigen. Der ganze Spaß ist kostenlos. Infos über Termine und Örtlichkeiten unter Tel. 242-1414

Musée Méchanique ■ A 10, S. 116
Sammlung origineller und teils sehr alter Automaten und mechanischer Spielgeräte. Das Museum ist im Cliff House (→ S. 34) untergebracht.
1090 Point Lobos Avenue/Ocean Beach; Tel. 386-3330; Bus 5, 18; tgl. 10–19 Uhr; Eintritt frei

Museen von Fisherman's Wharf
■ BC 5, S. 114
Die vor allem für Kinder interessanten Museen an Fisherman's Wharf liegen Tür an Tür: das **Ripley's Believe It or Not Museum** zeigt in 250 Exponaten die unglaublichsten Mirakel der Welt. Im **Wax Museum** warten auf vier Stockwerken 270 lebensechte Figuren auf Besucher.

> ## ❗ MERIAN-Tipp
>
> **Freizeit-Medienzentrum Zeum**
> In dieser neuen Einrichtung für Kinder werden Filme gedreht und Töne aufgenommen, Animationen entwickelt, Multimedia-Experimente gemacht und Shows von Theater bis Puppenspiel geprobt. Ein faszinierender Blick hinter die Kulissen der Medienwelt, der erklärt, wie das alles funktioniert. Außerdem gibt es in diesem Komplex ein großes Karussell, eine Eisbahn und ein Bowling Center – falls Hightech irgendwann doch langweilig wird …
> 4th St. Ecke Howard St./SoMa, Tel. 442-0145, Bus 30, 45, Öffnungszeiten Mi–Fr 12–18, Sa und So 11–17 Uhr, Eintritt 7 $
> ■ c 3, S. 47

Ein Abstecher in die **Haunted Gold Mine** und das **Medieval Dungeon** bieten weitere gruselige Spektakel.
Tgl. 10–20, Sa und So bis 24 Uhr; Bus 32; Eintritt 8.50 bzw. 11.95 $

San Francisco Zoo
südlich ■ A 12, S. 116
Im größten Tierpark Nordkaliforniens kann man in vielen speziellen Habitaten wie Gorilla World oder Penguin Island Tiere hautnah erleben und im Streichelzoo auch anfassen.
45th Avenue/Sloat Blvd.; Tel. 753-7080; tgl. 10–17 Uhr; Bus 18, 23, Eintritt 7 $

Shows am Pier 39 ■ C 5, S. 114
Das »Great San Francisco Adventure« lässt real die Erde beben, und im »Turbo Ride« werden die atemberaubendsten Fahrten durchs Land der Saurier, die Welt der Aliens und den verlorenen Tempel simuliert.
Tgl. 10.30–21 Uhr; Bus 32; Eintritt 7.50 bis 8 $

Spaziergänge und Ausflüge

Ob Chinatown oder Little Italy, Pazifikküste oder Wine Country – San Francisco und seine Umgebung bieten viele Möglichkeiten für Spaziergänge und Ausflüge.

Wer einmal auf dem Highway Number One unterwegs war, weiß, dass er zu Recht zu den Traumstraßen der Welt zählt.

SPAZIERGÄNGE

Die Gesichter San Franciscos
werden am besten zu Fuß erkundet – und fast hinter jeder Straßenecke bieten sich unerwartete Ansichten, Alltagsszenen, Begegnungen.

Durch die Gassen von Chinatown

Ein Aufenthalt in San Francisco ist ohne Abstecher nach Chinatown undenkbar. Abseits des Touristentrubels gibt es eine exotische Welt ganz eigenen Gepräges zu entdecken.

Startpunkt für den Spaziergang durch das exotischste Viertel der Stadt ist der **Portsmouth Square** (Bus 15, 30, 45). Wo sich heute auf dem Platz oberhalb einer Tiefgarage ein buntes Treiben abspielt, lag einst der 1835 gegründete mexikanische Handelsstützpunkt **Yerba Buena**, von dem das moderne San Francisco seinen Ausgang nahm. 1846 bestand er zwar erst aus ganzen 20 Häusern, war aber doch schon so wichtig, dass er am 9. Juli im Verlauf des mexikanisch-amerikanischen Krieges von Captain John B. Montgomery für die USA in Besitz genommen wurde.

Richtung Osten bot sich damals ein völlig anderes Bild: Die Bay reichte bis an die heutige Montgomery Street heran; sie wurde erst später durch Verfüllung zurückgedrängt. Unter anderem versenkte man viele der Schiffe, die beim Gold Rush von ihren Besatzungen auf dem Weg zu den Claims am American River 1849 bis 1850 aufgegeben worden waren. 1879 bis 1880 war der Schriftsteller **Robert Louis Stevenson** oft auf dem Platz anzutreffen; ein schiffgeschmücktes Denkmal erinnert an den Verfasser der »Schatzinsel«.

Eine unvermutete Geschichte hat die äußerlich schlichte **Buddha's Universal Church** (720 Washington Street) an der Nordostecke des Platzes. Das Gotteshaus ist nämlich ein ehemaliger Nachtklub, für dessen Umbau man 1951 ganze 500 Dollar veranschlagt hatte. Tausende freiwillige Helfer arbeiteten jedoch elf Jahre, ehe die Kirche eingeweiht werden konnte.

Eineinhalb Blocks entfernt kann man tiefere Einblicke in die chinesisch-amerikanische Geschichte gewinnen: Ein kleines Museum im Keller des Hauses Commercial Street 652 erläutert viele Hintergründe zu San Franciscos so exotisch wirkender Bevölkerungsgruppe. Geht man diese Straße bergan bis zur Grant Avenue, so finden sich dort viele Geschäfte, etwa in Nr. 774 die 1856 gegründete Gemüsegroßhandlung **Mow Lee Co**.

Auf der Grant Avenue – der touristischsten Straße Chinatowns, die auch **Sang Yee Gah** genannt wird – geht es links bis zur California Street. Auf der Ecke zur Linken liegt die **Old St. Mary's Church**, zwischen 1852 und 1854 mit eigens aus China importiertem Material errichtet. Sie war Kaliforniens erste Kathedrale (Mo–Fr 7–17 Uhr, Sa 10–19, So 7.30–17 Uhr geöffnet).

Oberhalb des Licht- und Farbenspiels der Grant Avenue erhebt sich das prächtig erleuchtete Marriott Hotel.

DURCH DIE GASSEN VON CHINATOWN

SPAZIERGÄNGE

Im kleinen Park **St. Mary's Square** gegenüber der Kirche erinnert ein von Benjamin Buffano entworfenes Standbild aus dem Jahr 1938 an den großen chinesischen Politiker Sun Yat-Sen, der in San Francisco im Exil lebte und die »Chinese Free Press« herausgab. An der Westseite dieses über einer Tiefgarage angelegten Platzes findet man einige der wenigen Bäume Chinatowns.

Beim Verlassen des Parks fällt der Blick auf das **Sing Fat Building**; es ist ein herausragendes Beispiel für US-chinesischen Baustil und wurde nach dem großen Erdbeben von 1906 errichtet – auf heftige Erdstöße ausgelegt, aber mit typischem Pagodendach. Wir gehen wieder durch die Grant Avenue bis zur Sacramento Street (auch **Tong Yun Gai**, »Chinesische Straße«, genannt). Im Eckhaus Nr. 800 ist das **Gold Mountain Monastery** beheimatet, ein erst 1988 gegründetes Kloster; gelegentlich sieht man hier Mönche in ihren Kutten durch die Straßen gehen.

Hügelan befindet sich an der Ecke Waverly Place die **First Chinese Baptist Church**, wo von 1880 bis 1906 die vom allgemeinen Schulbesuch ausgeschlossenen chinesischen Kinder Englisch lernen konnten. Schon 1908 war das beim Erdbeben zerstörte Gebäude neu errichtet worden – ein Zeichen für dessen soziale Wichtigkeit.

Eine ebenfalls große Rolle im Leben Chinatowns spielte das gegenüberliegende **YMCA** (855 Sacramento Street). Die seit der Gründung im Jahr 1911 angebotenen Sport- und Bildungseinrichtungen werden von den Jungen des Viertels noch immer gern angenommen. Lange Zeit bot sich hier eine der wenigen Gelegenheiten zum Duschen – verfügten die Wohnungen in der Umgebung doch kaum über ausreichende Sanitäreinrichtungen.

Beim Gang durch die Gasse **Waverly Place** – auch »Straße der bemalten Balkone« genannt – fallen viele so genannte **Family Benevolent Associations** auf, Familienorganisationen, bei der jeder mit dem entsprechenden Nachnamen Unterstützung bekommen kann. Im Haus Nr. 30 residiert zum Beispiel Familie »Wang«, in Nr. 53 Familie »Eng«. Fast alle Häuser haben im obersten Stockwerk einen Tempel, aber nur der **T'ien Hou Temple** im vierten Stock des Hauses Nr. 125 ist täglich von 10.30 bis 16 Uhr zugänglich. Die Göttin T'ien Hou, Königin des Himmels und der sieben Meere, gilt als Beschützerin der Wanderer, Reisenden, Seeleute, Schriftsteller und der »Ladies of the Evening«. Diese bereits 1852 an anderer Stelle eingerichtete Andachtsstätte – sie wurde erst 1975 hierher verlegt – ist der älteste chinesische Tempel der USA.

Der Waverly Place endet auf der Washington Street; ein kleines Stück bergab liegt jenseits der Grant Avenue die pittoreske **Bank of Canton** (Nr. 743). Zur Mitte des letzten Jahrhunderts wurde hier die Tageszeitung *Californian Star* produziert. Bis 1949 beherbergte das Haus dann die Telefonzentrale Chinatowns. Wer dort arbeiten wollte, musste nicht nur fünf chinesische Dialekte beherrschen, sondern auch alle Nummern der Anschlussinhaber im Kopf haben, da die Anrufer stets nur nach Namen fragten. Das Haus wurde 1909 erbaut und ist seit 1960 eine Bank.

Durch die **Wentworth Street** gehen wir bis zur Jackson Street und bekommen dabei einen Eindruck vom nüchternen, fast tristen Chinatown. Touristisch ist die Gasse uninteressant, vermittelt aber eine Vorstellung davon, wie das Viertel vor dem Erdbeben ausgesehen haben mag. Nach dem farbenprächtigen Waverly Place ist der Kontrast doch recht stark.

Durch die Gassen von Chinatown

Der Jackson Street folgen wir bergan bis zur **Ross Alley** – und betreten wieder tiefstes, exotisches China. Da die Chinesen bis ins späte 19. Jh. nur innerhalb eines sehr engen Areals wohnen durften, legten sie zur besseren Nutzung der Grundstücke zahlreiche Gassen und Durchgänge an. Ross Alley veranschaulicht das bunte, aber auch bedrückende Durcheinander von Behausungen, Werkstätten und Läden. Die auf chinesisch **Gau Leuie Sung Hong** genannte Gasse hieß früher Old Spanish Alley und wurde vor 100 Jahren von Latinos kontrolliert. Sie war das Mekka des Glücksspiels, der Pfandleiher und der Prostitution. Im Haus Nr. 56 kann man in der **Golden Gate Fortune Cookie Factory** dabei zusehen, wie flinke Hände die berühmten Glückskekse herstellen.

Am Ende der Ross Alley überqueren wir die Washington Street und gehen wenige Meter bergan gleich gegenüber in die **Spofford Alley**. Eine Tafel an der Ecke erläutert, dass früher hier – in einer der wichtigsten Gassen des Viertels – heftige **tong wars**, also Kriege rivalisierender Banden, ausgetragen wurden. Erst 1913 beendete ein Friedensvertrag die Gewalt. Im Haus der **Chinese Free Masonry** (Nr. 36) lebte 1910 Sun Yat-Sen. Als die von ihm angeführte Revolution am 5. November 1911 im fernen Mutterland erfolgreich verlief, feierten auch in Chinatown viele Menschen auf der Straße.

Die noch heute aktive **Chinese Laundry Association** (Nr. 33) bemühte sich zum Ende des 19. Jh., den ruinösen Konkurrenzkampf der Wä-

SPAZIERGÄNGE

schereien Chinatowns zu verhindern. Chinesen durften nur wenige Tätigkeiten ausüben, und die Reinigung der Kleider weißer Amerikaner gehörte dazu. Die Laundry Association konnte schließlich einen Mindestabstand von zehn Hauseingängen zwischen den Wäschereibetrieben festschreiben.

Die Spofford Alley endet auf der **Clay Street**. Hier fuhr 1873 die erste Cable Car hinunter zum Portsmouth Square – dass ein Fahrzeug diese Steigungen ohne Pferde bewältigen konnte, musste damals schon an ein Wunder grenzen. Oben auf der Stockton Street bietet der **Kong Chow Temple** (→ Sehenswertes, S. 40) im vierten Stock des Gebäudes Nummer 855, in dem auch das Postamt untergebracht ist, erneut die Möglichkeit, Chinatown von oben zu betrachten. Gleich nebenan residiert die **Consolidated Benevolent Association**; diese Organisation – auch **Chinese Six Companies** genannt – war so machtvoll, dass ihr Sitz als inoffizielles Rathaus von Chinatown galt: Hier schlichtete man Streitigkeiten, bezeugte Geschäftsabschlüsse und bekämpfte diskriminierende Gesetze und Verordnungen im gesamten Nordamerika.

Man kann noch lange weiter durch Chinatown spazieren: Die Stockton Street vermittelt Eindrücke des chinesischen Alltags in San Francisco: Kinder kommen aus der Schule, Frauen und auch Männer kaufen in den Läden und Supermärkten Lebensmittel ein. Die Andenkenläden der Grant Avenue scheinen weit entfernt zu sein, liegen aber nur eine Parallelstraße bergab. Man kann sich in Chinatown mit dem Menschenstrom durch die Straßen treiben lassen – wohin man auch kommen mag, stets bilden Anblicke, Gerüche und Stimmengewirr ein Fest für alle Sinne.

Dauer: ca. 2 Stunden

Straßenlaternen mit Pagodendach, bunte Fahnen und verzierte Balkone geben der Grant Avenue ein exotisches Flair.

North Beach, San Franciscos »Little Italy«

Steile Hügel, südländisches Flair, mediterrane Gaumenfreuden und vielfältige Kultur bietet North Beach, San Franciscos »Little Italy« – ideal, um sich einen Nachmittag lang treiben zu lassen …

Unser Spaziergang, der an vielen Attraktionen und verlockenden Cafés vorüberführt, kann problemlos einen halben Tag füllen. Er beginnt im markantesten Gebäude San Franciscos, der **Transamerica Pyramid** am südöstlichen Ausgangspunkt der Columbus Avenue (Bus 15, 41). Eine technische Spielerei in der Lobby des Bürogebäudes ermöglicht Ausblicke auf die Gegend, die wir bald durchstreifen werden: Per Knopfdruck kann man eine auf dem Dach montierte Kamera dirigieren und auf Monitoren in der Lobby die Perspektiven bestaunen.

So modern diese Form des Sightseeings auch sein mag, so erhebt sich die Büropyramide doch in einem äußerst geschichtsträchtigen Umfeld: Bis 1959 lag gleich südlich in der Merchant Street der legendäre **Montgomery Block**, ein 1853 bereits erdbebensicher auf Redwoodpfählen errichtetes Haus, in dem Persönlichkeiten wie der chinesische Exilpolitiker Sun Yat-Sen und die Schriftsteller Mark Twain, Frank Norris und Ambrose Bierce arbeiteten. Im Dampfbad im Keller des Gebäudes soll Twain einst einen Feuerwehrmann namens Tom Sawyer getroffen haben …

Nördlich der Pyramide sind die historischen Bauten noch erhalten und seit 1972 als **Jackson Square** unter Schutz gestellt. Es handelt sich hierbei um das Straßengeviert zwischen Columbus Avenue, Pacific Avenue, Sansome und Washington Street. Die Gasse Hotaling Place mündet auf den Vierhunderter-Block der Jackson Street, wo das einzige geschlossene Ensemble historischer Gebäude in Downtown San Francisco zu finden ist.

Die Häuser stehen auf künstlichem Grund: Ursprünglich reichte die Bay bis zur Montgomery Street, aber um Platz für die prosperierende Stadt zu schaffen, schüttete man ab Mitte der vierziger Jahre des 19. Jh. neuen Baugrund auf und warf Granitblöcke, die als Ballast für Segelschoner gedient hatten, sowie die ehemalige Uferbefestigung aus Redwoodpfählen ins Wasser. Später versenkte man auch aufgegebene Schiffe, deren Mannschaften zu den 1848 entdeckten Goldfeldern entschwunden waren.

Lange Jahre war der Jackson Square vernachlässigt, doch in den Fünfzigern entdeckten Innenarchitekten und Dekorationsfirmen die heruntergekommenen Lagerhäuser und richteten sie her. Einzelne Gebäude in der Jackson Street haben eine ungewöhnliche Geschichte: In Nr. 415/431 betrieb Domingo Ghirardelli 1894 seine erste Schokoladenfabrik. Das Haus Nr. 441 wurde 1861 auf den Rümpfen zweier Schiffe errichtet. Beim Bau des Gebäudes Nr. 472 verwendete man 1850 bis 1852 Schiffsmasten als Stützpfeiler. Und in Nr. 451 war die Whiskeydestille von **A. P. Hotaling & Company** ansässig; fromme Gemüter konnten nicht verstehen, dass gerade dieses Haus 1906 den vernichtenden Erdstößen widerstanden hatte, wo doch die Kirchen der Stadt in Trümmern lagen …

Die Gasse Balance Street schräg gegenüber von Hotaling Place führt ein paar Meter weit auf die **Gold Street**. Zur Goldrauschzeit war in Haus Nr. 56 das **Assay Office** untergebracht, in dem das Gold gewogen und angekauft wurde. In den Dreißigern hatte der mexikanische Maler

SPAZIERGÄNGE

Diego Rivera in dieser Straße ein Atelier.

Über die Gold Street erreichen wir westlich die **Montgomery Street**. Auch hier gibt es historische Reminiszenzen, vornehmlich im Siebenhunderter-Block: Zwischen 1852 und 1856 wurde im Haus Nr. 730/732 die »Golden Era« verlegt, San Franciscos erste literarische Zeitschrift, die Beiträge von Bret Harte und Mark Twain brachte. Im Haus Nr. 722/728, das der Anwaltskanzlei Belli, Belli & Belli gehört, fand am 17. Oktober 1849 das erste Freimaurertreffen Kaliforniens statt. Auch das **Canessa Building** in Haus Nr. 710 ist ein literarischer Ort: Hier existierte von den Dreißigern bis 1963 das **Black Cat Cafe**, wo sich John Steinbeck und William Saroyan regelmäßig trafen.

Nun spazieren wir die **Columbus Avenue** bergauf. Der eigenwillige grüne **Columbus Tower** Ecke Kearny Street gehört dem Regisseur Francis Ford Coppola; ein kleines Stück die Straße hinauf, nämlich im **Vesuvio's Cafe** (255 Columbus Ave.), konnte man ihn seinerzeit am Drehbuch des »Paten« arbeiten sehen. In den Fünfzigern sprachen hier die Literaten Jack Kerouac und Dylan Thomas gern dem Alkohol zu.

Der **City Lights Bookstore** (→ Einkaufen, S. 54) gleich nebenan gilt als eine der Wiegen der amerikanischen Gegenkultur; Inhaber Lawrence Ferlinghetti brach verkrustete Tabus, als er 1955 Allen Ginsbergs als obszön erachtetes Gedicht »Howl« verlegte. Der Laden diente 1989 in einer Szene des Dennis-Hopper-Films »Flashback« als Kulisse, und auch Captain Kirk und Mr. Spock spazierten in »Star Trek IV – Zurück in die Gegenwart« (1986) hier herum. Auf der anderen Seite der Columbus Avenue liegt im kurzen Abschnitt der Adler Street die Kneipe **Spec's**, wo sich Schriftsteller, Filmleute und Künstler ein Stelldichein geben. Schon in der Prohibitionszeit existierte hier ein **speak-easy**.

An der Kreuzung Columbus bzw. Grant Avenue und Broadway treffen drei Welten aufeinander: Chinatown, das Nachtviertel San Franciscos mit Sexshops und Striptease-Bars sowie das italienisch geprägte North Beach. Die Grant Avenue führt nördlich bald aus dem sündigen Treiben heraus. Viele Geschäfte und Lokale haben hier mediterranes Flair. Um 1960 lebten 40 000 Italiener in North Beach, und so verwundert es nicht, dass sich Cafés »Caffè« schreiben und man nicht lange nach Pasta, Rotwein und Espresso suchen muss. In den letzten Jahren haben aber zunehmend schicke Boutiquen und Secondhandläden die Lebensmittelhändler und Haushaltswarengeschäfte verdrängt.

Bevor der zweite Teil des Spaziergangs ansteht, verdient eines der traditionsreichsten Cafés von North Beach noch einen Besuch: das **Caffè Trieste** (606 Vallejo Street Ecke Grant Avenue). Schon in den Fünfzigern holten die Schriftsteller der Beat Generation sich hier ihre Koffein-Dosis, und nach wie vor ist das Lokal Treffpunkt für Intellektuelle, Bohemiens und einfache Menschen.

Drei Querstraßen weit bleiben wir auf der Grant Avenue und biegen dann rechts in die Filbert Street ein. Nun geht es sehr steil hinauf zum **Coit Tower** (→ Sehenswertes, S. 34), einem der schönsten Aussichtstürme der Stadt: Der Blick aus luftiger Höhe ist die Fahrstuhlgebühr von 3 $ alle-

Der altmodische Columbus Tower und die Transamerica Pyramid bilden einen viel fotografierten städtebaulichen Gegensatz.

Spaziergänge

mal wert. Rings um den Turm gibt es eine Vielzahl kleiner Gassen und Wohnsträßchen. Nicht auslassen sollte man einen Abstecher in die östliche Verlängerung der Filbert Street: Treppab geht es die Filbert Steps zur Montgomery Street, wo im Haus Nr. 1360 mit der eigenwilligen Art-Modern-Fassade 1947 Szenen zu dem Film »Dark Passage« mit Humphrey Bogart entstanden. Gleich unterhalb erreichen wir die idyllische Welt der **Grace Marchant Gardens** zwischen Darrell Place und Napier Lane. Ein hölzerner Laufsteg führt durch ein Blütenmeer, und oft räkeln sich Katzen in der Sonne ...

Wir kehren über die Filbert Street wieder in die tiefer gelegeneren Gefilde zurück. Die Welt des Films aber begleitet uns: Am Washington Square erhebt sich die eindrucksvolle Fassade der 1925 erbauten **Church of Saints Peter and Paul**, vor der Marilyn Monroe und der hier aufgewachsene Baseballstar Joe DiMaggio für ihr Hochzeitsbild posierten. Auf dem Platz kann man ein Treiben wie auf einer italienischen Piazza beobachten. Frühmorgens nutzen Chinesen die Rasenfläche gern für Tai-Chi-Übungen.

An der Nordwestecke des Platzes steht ein »Standbild für die tapferen Feuerwehrmänner der Stadt«, das, wie der Coit Tower, von Lillie Hitchcock Coit gestiftet wurde. Auf der gegenüberliegenden Ecke, in **Mario's Bohemian Cigar Store** (566 Columbus Ave.), trafen sich die Autoren der Beat-Generation. Das Lokal ist wegen seiner leckeren Sandwiches eine Pause wert.

Wir spazieren nun die Columbus Avenue in nordwestlicher Richtung entlang. Das Bohème-Leben von North Beach spiegelt sich in der großen Dichte von Cafés und Restaurants wider. Wer mag, kann sich im skurrilen **Lyle Tuttle's Tattoo Art Museum** (841 Columbus Ave., Mo–Do

Die kleinen Cafés entlang der Columbus Avenue dienen als Nachbarschaftstreff und private Informationsbörse.

North Beach, San Franciscos »Little Italy«

12–20, Fr und Sa bis 22 Uhr geöffnet) die fantasievollsten Hautverzierungen anschauen oder sich gleich selbst damit schmücken lassen. Ungewöhnlich ist auch das **Doo Wash Cafe** (817 Columbus Ave.): Täglich von 7 bis 23 Uhr kann man hier Kaffee trinken, Snacks verputzen – und gleichzeitig seine Wäsche waschen.

Zwei Querstraßen weiter halten wir uns links und gehen ein kleines Stück steil bergan.

Hinter einer grauen Mauer mit eindrucksvoll verziertem Eingangstor findet sich das **San Francisco Art Institute** (→ Museen und Galerien, S. 50). Es wurde 1871 gegründet und ist eine der ältesten Kunstschulen im Westen der USA. Das Institut ist in einem 1925 im mexikanischen Kolonialstil errichteten Gebäude untergebracht und aus mehreren Gründen eine Stippvisite wert. Im Innenhof stellen Schüler ihre Werke aus. Vier Galerien – drei für Malerei, eine für Fotografie – präsentieren moderne Kunst. In der **Diego-Rivera-Gallery** (links vom Eingang am Ende der Arkaden) kann ein 1931 geschaffenes Wandbild dieses Künstlers betrachtet werden. Im hinteren Teil des Gebäudes findet sich ein im Stil von Le Corbusier in Beton ausgeführter Anbau mit Cafeteria und toller Aussicht.

Und das ist auch der Abschiedsblick, denn hier endet unser Spaziergang. Oben auf der Hyde Street oder unten auf der Columbus Avenue fahren Cable Cars stadteinwärts – aber vielleicht stärken Sie sich erst noch in einem der vielen Restaurants, die an der Strecke dieses Spaziergangs lagen ...

Dauer: ca. 6 Stunden;
Karte: → S. 115

Das San Francisco Art Institute bietet jungen Künstlern ein Forum für kreative Experimente.

SPAZIERGÄNGE

Mission District – zu den Bildern der Latinos

Der Mission District gehört zu San Franciscos buntesten und lebhaftesten Stadtteilen. Es scheint, als läge Lateinamerika nur wenige U-Bahn-Minuten von der Innenstadt entfernt.

Mit dem Slogan »South of the Border«, »Südlich der Grenze«, warb die große Imbisskette **Taco Bell** vor Jahren für ihr mexikanisches Fastfood. Um einen Blick über jene Grenze zu werfen, muss man in San Francisco jedoch keine 800 km weit fahren: Die Tour mit der U-Bahn BART bis zur 16th Street Mission Station ist wie eine Reise mit Siebenmeilenstiefeln. Denn am oberen Ende der Rolltreppe liegt der Mission District, eine farbenprächtige und quirlige Welt, in der Lebenslust und Lebensfrust, Arbeit und Laisser-faire unmittelbarer und ungeschminkter zu spüren und zu beobachten sind als sonst in dieser Stadt. Gut zwei Stunden lang wollen wir durch dieses Latino-Viertel spazieren.

Auch hier ist die erste Station ein historischer Ort – und viel geschichtlicher kann es in San Francisco nicht mehr werden: Wir gehen die 16th Street Richtung Westen ein paar Blocks weit bis zur Dolores Street. Auf dem Weg schnuppern wir bereits lateinamerikanisches Flair und den besonderen Lebensstil dieses Stadtteils. Viele spanische Ladenschilder, Cafés und Buchläden deuten an, dass hier Latinos und Alternativszene gut nebeneinander existieren können.

Der erste Eindruck Ecke 16th Street und Dolores täuscht – aber nur einen Moment lang. Der Blick fällt auf eine aufwendig verzierte Kirche mit schönen Türmen, doch unser Ziel liegt direkt daneben: die kleine **Mission Dolores** der Padres aus dem Jahr 1791. Ihre dicken, weiß getünchten Steinmauern haben noch jedes Erdbeben überstanden; es ist das älteste feste Gebäude der Stadt. Gegen eine kleine Spende kann man durch die Räume gehen und auf dem Innenhof die Grabsteine der frühen Siedler anschauen. Die auffälligere **Mission Dolores Basilica** ist im Inneren ganz im Unterschied zur prächtigen Fassade eher trist ausgestattet.

Der Spaziergang führt nun zwei Blocks weiter die Dolores Street entlang. Auf Höhe des Mission Dolores Park, in dem die Anlieger oft zusammenkommen, biegen wir links in die 18th Street ab. Ecke Lapidge Street fällt rechts ein bunt bemaltes Gebäude auf – das **Women's Building** (5434 18th Street), in dem viele Fäden feministischer Arbeit zusammenlaufen. Der erst wenige Jahre alte Fassadenschmuck mit Bildern aus der Geschichte der Frauenbewegung stimmt gut auf die vielen noch kommenden **murals** ein.

Auf der nahen **Valencia Street** halten wir uns rechts und folgen der Straße bis zur 22nd Street. Buch- und Trödelläden, Restaurants, Cafés und Bars finden sich hier in großer Zahl, und unschwer kann man erkennen, dass die Kultur bunt, das Sozialniveau aber niedrig ist. Die Mission ist nicht nur das pittoreske »Klein-Mexiko«, sondern eben auch ein Arbeiterviertel und ein Sammelbecken für Außenseiter aller Art. Alternativ kann man statt durch die Valencia Street auch entlang der Mission Street weitergehen, die in stärkerem Maße lateinamerikanisches Flair besitzt.

An der 22nd Street biegen wir nach links ab und folgen der Straße Richtung Osten. Ein kleines Stück jenseits der Mission Street – der Lebensader und Hauptverkehrsstraße des Viertels – erhebt sich links eine

MISSION DISTRICT – ZU DEN BILDERN DER LATINOS

heruntergekommene hölzerne Kirche. »**Ev.-luth. St. Johannes-Kirche**« steht auf einem kleinen Schild. Zweifellos hat das im Jahr 1900 erbaute Gotteshaus einst bessere Zeiten erlebt, zeugt aber davon, dass die Mission um die Jahrhundertwende ein Zentrum der deutschen Einwanderer war. Überhaupt war der Mission District schon immer ein Anziehungspunkt der Immigranten, wenn auch Skandinavier, Iren und Italiener, die ebenfalls zeitweise die Mehrheit der Bewohner ausmachten, das Viertel nicht so nachhaltig geprägt haben wie die Lateinamerikaner.

Ecke 22nd Street und South Van Ness Avenue hat der Zahn der Zeit schon arg an dem einst berühmten **Carlos-Santana-Mural** genagt – manch gemaltes Ladenschild sticht es inzwischen längst aus. Ganz besonderen Reiz hat aber die äußere Gestaltung der **Cesar Chavez School**, eine Querstraße weiter rechts in der Shotwell Street: Sie ist über und über mit bunten Bildern verziert, die die Buchstaben des Alphabets, Kindergesichter und fantasievoll gemalte Tiere zeigen. Unter den hunderten Wandbildern des Viertels gehören sie zu den sehenswertesten.

Am Ende der Shotwell Street geht es links die 23rd Street hinauf, vorüber am Waschsalon **El Arroyo Laundromat** Ecke Harrison Street mit einem großen Wandbild von Ernesto Coyote Paul vom Herbst 1993. Die Wohnstraßen, durch die wir gehen, sind fast ausschließlich von alten viktorianischen Holzhäusern gesäumt. In der Mission sind diese Häuser in großer Dichte und Zahl erhalten,

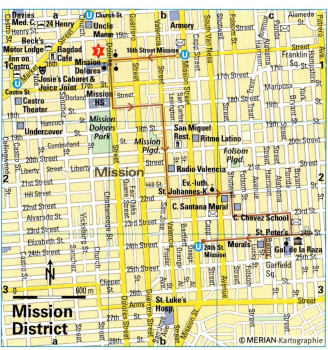

aber bislang noch kein Objekt für Immobilienspekulationen und aufwendige Restaurierungen geworden. Trotz der vielerorts abblätternden Farbe kann man bei näherem Hinschauen oft wunderschöne Verzierungen oder sonstige liebevolle Gestaltungsmerkmale entdecken.

Durch die Alabama oder die Florida Street erreichen wir Richtung Süden dann die **24th Street**. Sie hat von allen Straßen des Viertels den ausgeprägtesten Barrio-Charakter. Den ganzen Tag über sieht man Jugendliche, die keine sinnvolle Beschäftigung haben und einfach nur die Zeit totschlagen. In den Schaufenstern liegt Plastikramsch und Latinokitsch, etwa als Bräute oder Caballeros gestylte Puppen. Aus den Bars und Plattenläden dringt Salsa-Musik; die Lebensmittelgeschäfte sind mit Tischen voller Obst und Früchte zugestellt. Kleine Imbissstuben bieten Tortillas, Fajitas und Enchiladas – und verströmen dabei verführerische Düfte. Schließt man die Augen und lauscht den spanischen Stimmen, wähnt man sich im Süden. Doch auch mit geöffneten Augen sieht es hier nicht unbedingt nach den Vereinigten Staaten aus.

Ein kleines Stück links zwischen Bryant und York Street liegt ein kleiner Park: nur ein Hausgrundstück groß, aber von üppig bemalten Wänden umgeben. Diese Bilder entstanden zwischen 1973 und 1984. Da es auf der 24th Street zahlreiche Bäckereien mit einem unglaublich leckeren Kuchenangebot gibt, bietet sich hier die ideale Gelegenheit für eine kleine Picknickpause. In vielen Lebensmittelgeschäften bekommt man auch frisch zubereitete Sandwiches und Getränke bzw. **Coffee to go**.

Man kann die 24th Street wie ein Bilderbuch betrachten. Die vielen Wandmalereien spiegeln Kultur und Politik aus Sicht der lateinamerikanischen Immigranten. Die »Entdeckung« Amerikas durch Kolumbus, die Arbeitsbedingungen auf dem Land, der Protest gegen diktatorische Militärregime und Ansätze zu einer politischen Selbstbestimmung sind an Kirchen, Brandmauern oder auf Plakatwänden künstlerisch umgesetzt. In der **Galeria de la Raza** (2857 24th Street, Mi–So 12–18 Uhr) kann man sich eingehender mit den Hintergründen und Traditionen dieser politischen Open-Air-Kunst auseinandersetzen.

Höhepunkt des Kulturbummels durch die Mission ist jedoch die schmale Gasse **Balmy Street**, die zwischen Harrison Street und Treat Avenue nach links abzweigt und gerade mal einen Block lang ist. Die eigentlich sehr schäbigen Zäune und Garagentore zu beiden Seiten sind fast vollständig mit **murals** bedeckt – von hier nahm diese ungewöhnliche politisch-künstlerische Bewegung ihren Ausgang. Um Geld für ein Jugendzentrum zu sammeln, gestalteten 1972 die Künstler Susan Cervantes und Carlos Loarca zusammen mit den Kids eine triste Bretterwand farbenprächtig mit einer Unterwasser-Szene aus. Gern bezahlte der Besitzer diese Arbeit, und das Beispiel machte Schule: Bald gab es in der Gasse keine unbemalte Fläche mehr; bis heute gilt die Balmy Street als begehbares Bilderbuch für das Lebensgefühl junger Chicanos.

In jeder anderen amerikanischen Großstadt wäre ein Viertel wie die Mission **gang land**, gefährliches Territorium mit strikt aufgeteilten Revieren und brutal umkämpften Grenzen. Überall sonst würden vernarbte Stichwunden oder langjährige Haftstrafen als Beweis von Mut und

MISSION DISTRICT – ZU DEN BILDERN DER LATINOS

Männlichkeit gelten. In der Mission und vor allem rings um die 24th Street sehen die Bilder anders aus: statt **tags** oder **placas,** den Gebietsmarkierungen für Eingeweihte, prangen hier großformatige **murals** an den Häusern. In Zusammenarbeit mit Künstlern entstanden auch außerhalb der Balmy Street vielerlei Projekte, und wer bei deren Ausführung weithin sichtbar auf dem Gerüst arbeitete, galt als cool, stach aus der Menge hervor, machte seinen Revieranspruch kreativ geltend.

Natürlich glaubt niemand, soziale Konflikte allein mit Pinsel und Farbe lösen zu können. Doch wer zusammen malt und dabei die Gemeinsamkeiten in Kultur und Mentalität erkennt, sticht vielleicht nicht so schnell aufeinander ein. Die Polizeiberichte des Mission District können das bestätigen – die Quote der Jugendkriminalität ist hier niedriger als in anderen vergleichbaren Stadtteilen.

Kunst und Wirklichkeit:
Kinder imitieren die auf den
Wandbildern der Cesar Chavez
School dargestellten Gebärden.

Nach diesem anschaulichen Exkurs in die Identifikationsfindung junger US-Chicanos bummeln wir mit offenen Sinnen die 24th Street weiter Richtung Westen. Auf Höhe der Mission Street öffnet sich wieder eine größere und teils rauere Welt. Ein unablässiger Menschenstrom zieht auf den Gehwegen vorbei; PS-starke Autos fahren mit laut aufgedrehter Stereoanlage vorüber. Die Geschäfte wetteifern mit den niedrigsten Gebühren für Kuriersendungen nach Guatemala, Honduras, Chile. Schilder mit Aufschriften wie »Zapateria« und »Joyeria«, »Salon de Belleza« oder »Elegancia Infantil« bestimmen das Bild, und in letzter Zeit eröffnen hier auch zunehmend Yuppie-Bars und schicke Restaurants.

Wir lassen uns noch eine Weile treiben, ehe die U-Bahn uns wieder nach Downtown San Francisco zurückbringt – wo sonst wäre eine Reise nach Lateinamerika so einfach und so anregend wie hier?

Dauer: ca. 2 Stunden

AUSFLÜGE

Oakland und Berkeley – die andere Seite der Bay

Mit einem für das Bay-Gebiet klassischen Vehikel treten wir diesen Ausflug an: Wie es unzählige Pendler bis zum Bau der Brücke nach Oakland taten, fahren wir per Boot hinüber zur East Bay und statten San Franciscos Nachbarstädten einen Besuch ab. Wer alle beschriebenen Attraktionen anschauen will, sollte sich einen ganzen Tag Zeit nehmen. Fähren der Blue & Gold Fleet verkehren wochentags um 8.40 bzw. 10.30, samstags und sonntags um 9 und 12.30 Uhr ab Ferry Building/Embarcadero hinüber zum Jack London Square in Oakland. Die gut dreißigminütige Fahrt kostet 4.50 $.

Die Leuchtschrift »Port of San Francisco« war früher das Erste, was Fährpassagiere an nebligen Tagen von der Stadt sahen.

Während die Skyline von San Francisco langsam zurückweicht, stellen wir uns ein wenig auf das erste Ziel des Tages ein. Im Gegensatz zu San Francisco, das Tourismusmagnet ist, und Berkeley, das Wissenschaftsgeschichte schreibt, schlittert **Oakland** (372 000 Einwohner) von einer Krise in die andere: erster Boom mit der Ankunft der Eisenbahn, erster Niedergang mit dem Ende der Eisenbahn; nächster Boom mit dem Bau des Containerhafens, nächster Niedergang mit der Abwanderung des Frachtgeschäfts nach Süden. Die Fabriken der Stadt haben gegenüber der asiatischen Konkurrenz einen schweren Stand. Das Erdbeben 1989 und schwere Brände 1992 waren weitere Schicksalsschläge.

Das Loma-Prieta-Beben forderte 1989 in Oakland 60 Menschenleben.

Angekommen in Oakland, verlassen wir das Boot an der **Jack London Waterfront** und schauen uns ein wenig in dieser Anlage um. Der bekannte Schriftsteller, der viele Jahre seines Lebens in Oakland verbrachte und auf den man hier sehr stolz ist, besuchte gern **Heinold's First & Last Chance Saloon**. Gleich nebenan wurde seine originale Trapperhütte aus Alaska aufgebaut. Das kleine **Jack London Museum** (30 Jack London Square, Di–So 10–16 Uhr geöffnet) zeigt Interessantes aus

OAKLAND UND BERKELEY – DIE ANDERE SEITE DER BAY

dem Leben des Abenteuer- und Erfolgschriftstellers. Am Nordende in Höhe der Clay Street liegt die Präsidentenyacht **USS Potomac** zur Besichtigung vertäut (Di–So 10–16 Uhr geöffnet). Ein kleines Museum zur afro-amerikanischen Kultur zeigt interessante Exponate (Jack London Square, Di–So 10–16 Uhr geöffnet). Oakland hat immerhin fast 50 Prozent schwarze Einwohner.

Jack London verarbeitete seine Eindrücke aus Alaska im Roman »Ruf der Wildnis« (1903).

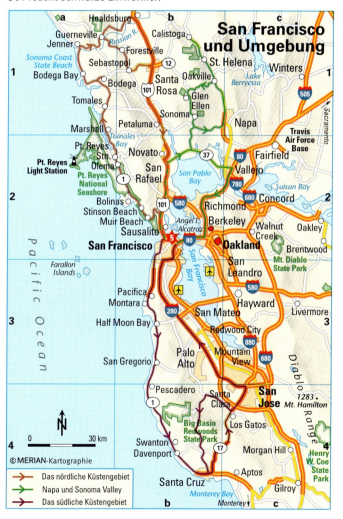

AUSFLÜGE

Um einen Eindruck von der Stadt zu bekommen, spazieren wir den **Broadway** hinauf. (Wer wenig Zeit hat, kann auch bis zur BART-Station Oakland City Center den Broadway Shuttle nehmen.) Die hiesige **Chinatown** zwischen 7th und 11th Street ist kleiner und weniger pittoresk als die in San Francisco. Downtown Oakland ist der Bereich um das **City Center**; hier erheben sich moderne Bürotürme, ein Kongresszentrum und eine **shopping mall**. Das neue Viertel bildet einen interessanten Kontrast zu benachbarten Art-déco-Gebäuden aus den Zwanzigern und dem **Tribune Tower** auf Höhe der 13th Street, dem Stammhaus von Oaklands traditionsreicher Tageszeitung.

Das Paramount Theater (2025 Broadway) ist innen vollständig im Art-déco-Stil gestaltet

Nach diesen Eindrücken geht es eine Weile unterirdisch weiter. Mit der BART fahren wir ab 12th Street Station Richtung Fremont eine Station bis Lake Merritt (stecken Sie ruhig 5 $ in den Fahrscheinautomaten; wir werden die U-Bahn noch mehrfach benutzen). Nur ein paar Schritte von der Station entfernt liegt das ausgezeichnete **Oakland Museum of California** (1000 Oak Street, Mi, Do, Sa 10–17, Fr 10–21, So 12–17 Uhr geöffnet, Eintritt 6 $), in dem die Natur, Geschichte und Kultur dieses Staates dargestellt werden. Nach dem Museumsbesuch nehmen wir wieder die U-Bahn, nun aber die Linie nach Richmond.

Berkeley mit seinen 107 000 Einwohnern gilt als Schmiede für Nobelpreise; die Leistungen der **University of California** genießen Weltruf. Deren Campus wollen wir zuerst anschauen: Von der BART-Station führt die Center Street östlich zum Unigelände, das landschaftlich schön entlang des **Strawberry Creek** angelegt ist (bei der Student's Union gibt es Pläne des Areals). Vom 60 Meter hohen **Sather Tower** (täglich 10–16 Uhr geöffnet, Eintritt 50 Cent) genießt man einen tollen Blick auf die Stadt und das Bay-Gebiet. Am nahen **Sather Gate** begann 1964 das **Free Speech Movement** als Vorbote der linken Studentenrebellion.

Der 1914 erbaute Sather Tower hat den Campanile auf Venedigs Piazza San Marco zum Vorbild.

Wir gehen durch das schmiedeeiserne Tor und kommen an die **Telegraph Avenue**. Hier scheinen die Sixties noch anzudauern: Viele Straßenstände bieten Batikhemden und Räucherstäbchen an, man

OAKLAND UND BERKELEY – DIE ANDERE SEITE DER BAY

kann sich Zöpfe flechten lassen oder Protestaufkleber fürs Auto kaufen. Lassen Sie sich mit Muße diese Straße entlangtreiben, und stören Sie sich nicht an den vielen Punks, die nach ein paar Münzen fragen werden. Eine so interessante Mischung aus Buch- und Plattengeschäften (die bis spätabends geöffnet haben), Secondhand-Läden, hervorragenden Cafés und sehr preisgünstigen kleinen Restaurants gibt es außerhalb der Bay Area weit und breit nicht ein zweites Mal.

Die Buchhandlungen »Moe's« und »Cody's« sind in ganz Kalifornien berühmt.

Ecke Haste Street erinnert ein großflächiges Wandbild an die 1969 begonnene Besetzung des ein paar Schritte weiter östlich gelegenen **People's Park**, mit der viele Jahre lang ein Bauprojekt verhindert wurde – trotz des Einsatzes der Nationalgarde unter Gouverneur Ronald Reagan. Inzwischen verläuft die politische Entscheidungsfindung in Berkeley, der Wiege des Protestes, längst auf friedlichere Weise.

Informationen:
Berkeley Convention and Visitors Bureau
1834 University Avenue, Tel. 510/549-7040; Oakland Convention & Visitors Authority, 550 Tenth Street, Tel. 510/839-9000

Dauer: Tagesausflug; **Karte:** → S. 81 ■ b 2

Im Wandbild vom Streit um den People's Park fand Politik eine künstlerische Ausdrucksform.

AUSFLÜGE

Einsamkeit, Wildnis und eine malerische Felsenküste: das nördliche Küstengebiet

Erst wenn man sich aus dem Stadtgebiet von San Francisco herausgibt, stellt man fest, wie wunderschön die Lage der Stadt am Pazifik eigentlich ist. Nur wenig bekannt ist die Tatsache, dass auch die nördliche Küste außergewöhnliche Reize aufzuweisen hat. Für diesen Ausflug, den man nur mit dem Auto unternehmen kann, sollte man einen Wochentag wählen und möglichst früh aufbrechen, denn auf den Straßen, die wir befahren, kommt man nicht sehr schnell voran – auch weil so viele schöne Stellen zu einem Stopp verleiten …

Golden Gate Bridge
10 km
Mill Valley

8 km

Overlook

8 km

Stinson Beach

5 km

Bolinas Lagoon
Olema

Gleich hinter der Golden Gate Bridge beginnt Natur pur: Wir verlassen den Highway US-101 an der Ausfahrt nach **Mill Valley**, nehmen hier den Highway 1 und folgen der Beschilderung Richtung Point Reyes. Unmittelbar hinter dem Ort windet sich die schmale Straße zwischen Eukalyptusbäumen und vereinzelten Redwoods durch die Hügel der Marin Headlands, führt bald aber mit steilem Gefälle und in scharfen Kurven hinüber zum Pazifik. Bereits kurz vor Muir Beach verlockt ein erster **overlook** mit Parkplatz dazu, die Kamera zu zücken und die schroffen Klippen und Felsvorsprünge zu fotografieren. Doch wird es noch viele ähnliche Gelegenheiten geben.

Der erste richtige Ort am Weg ist **Stinson Beach**, ein Mekka für Surfer, Sonnenanbeter und Strandspaziergänger. Zum Schwimmen ist leider selbst an Hochsommertagen das Wasser meist zu kalt, doch kann man weit am Ufer entlanglaufen und eines der vielen Cafés im Ort besuchen. Der Highway 1 führt dann im großen Bogen um die **Bolinas Lagoon** herum. An deren Nordende zweigt zwar eine kleine Straße zum gleichnamigen Ort ab,

DAS NÖRDLICHE KÜSTENGEBIET

der sich ein ursprüngliches Äußeres erhalten hat und malerisch zwischen Binnengewässer und Ozean liegt – die Hinweisschilder an der Hauptstraße jedoch werden immer wieder abmontiert: Man möchte seine Ruhe, und gar zu viele Touristen könnten dabei etwas stören ...

Mehrere Meilen weit ist der Highway 1 nun eine kurvenreiche Landstraße. Auf den Weiden sind Rinder und Pferde zu sehen; vereinzelt liegt eine Farm zwischen den sanft geschwungenen Hügeln. Mehrfach gibt es kleine Parkplätze rechts und links der Strecke, von denen aus beschilderte Wandertrails ihren Anfang nehmen.

Nach kurzer Fahrt erreichen wir **Olema**. Nie gehört? Aber was sich dort kurz nach Jahrhundertbeginn ereignet hat, wissen Sie genau: Hier lag das Epizentrum des Erdbebens vom April 1906, das San Francisco so schwer zerstörte. Auch in der unmittelbaren Nachbarschaft hinterließ die Katastrophe Spuren: Gleich nördlich von **Point Reyes Station** taucht linker Hand Wasser auf: die sich lagunenartig erweiternde Tomales Bay. Die **San-Andreas-Spalte** – eine der geologisch aktivsten Zonen der Welt – verläuft genau hier. Die benachbarte Halbinsel Point Reyes machte damals eine Sprung von zwölf Metern nach Norden!

Bolinas Lagoon
○ **Olema**

① 2,5 km

○ **Point Reyes Sta**
Point Reyes Nat. .

Eine stille Bucht, in der die Grenze zwischen Himmel und Wasser aufgehoben zu sein scheint.

AUSFLÜGE

Point Reyes
Point Reyes National Seashore

Earthquake Trail

50 km ①

Bodega Bay

①

3 km

Sonoma Coast State Beach

Russian River

Bevor wir weiterfahren, lohnt ein Abstecher ins Bear Valley Visitors Center des **Point Reyes National Seashore**, einem wundervollen Naturschutzgebiet mit amphibischem Charakter (ab Point Reyes Station ausgeschildert, täglich 9–16 Uhr geöffnet). Anschaulich werden hier Erd- und Naturgeschichte dieses einzigartigen Weltwinkels mit seinen vielfältigen Landschaftsformen beschrieben, der in großen Teilen für Autos nicht zugänglich, jedoch durch viele Wanderwege erschlossen ist. Gleich hinter dem Informationszentrum erläutert ein kurzer **Earthquake Trail** die geologischen Besonderheiten dieser Gegend.

Hier findet man Gelegenheit zur Beobachtung von Seehunden und – bei passender Jahreszeit – vorbeiziehender Grauwale. Auch andere Tiere spielten hier schon eine große Rolle: Hitchcocks Vögel nämlich. Der Altmeister des Gruselfilms drehte den Schocker »The Birds« 1963 im nahen Ort **Bodega Bay**; weitere Aufnahmen entstanden landeinwärts in Bodega. Erkennen Sie die kurvenreiche und hügelige Straße wieder? Hier fuhr Melanie Daniels alias Tippi Hedren in ihrem Cabriolet an die Küste zu ihrem neuen Freund Mitch Brenner. Die beiden Vögel im Käfig auf dem Beifahrersitz legten sich so herrlich in die Kurve ...

Bodega Bay ist heute ein touristisch gut erschlossener Fischerort, der trotz Seafood-Restaurants und kleinen Boutiquen noch ursprüngliches Flair besitzt. Am Nordausgang des Ortes führt eine Stichstraße hinunter zum Hafen, wo die Kutter ihre Fänge anlanden und Charterboote zum Hochseeangeln hinausfahren. Im Wasser tummeln sich zuweilen Seehunde. Im Westen kann man die lang gestreckte Halbinsel sehen, wo Hitchcocks Filmkreaturen ihre gruseligen Angriffe auf das einsame Landhaus flogen. Cineasten werden schon vorher einen kleinen Umweg nach Bodega gemacht haben, wo die Szenen vor dem Schulhaus und der Kirche entstanden sind.

Wir halten vielleicht noch einmal an den Stränden des **Sonoma Coast State Beach**, gleich nördlich des Ortes, fahren dann aber bis Jenner die Küste aufwärts. Die kleinen Ansiedlungen nördlich von San Francisco haben sich längst auf Touristen ein-

DAS NÖRDLICHE KÜSTENGEBIET

gestellt, und man kann eine Vielzahl ungewöhnlicher Galerien und hervorragende Restaurants entdecken.

Unmittelbar vor Jenner (300 Einwohner) biegen wir Richtung Santa Rosa landeinwärts ab. Der Highway 116 folgt ganz dicht dem **Russian River**, führt durch eindrucksvolle Redwood-Haine und weltvergessene Siedlungen am Straßenrand. Ab Guerneville kann man über Forestville und Sebastopol – ein netter kleiner Ort für einen letzten Bummel – oder über Healdsburg zum US-101 Richtung San Francisco zurückkehren. In diesem Gebiet gibt es auch mehrere **wineries**. So könnte eine Weinprobe ein schöner Abschluss für diesen vielfältigen Ausflug sein; etwa bei der Winzerei Korbel, 13250 River Road, Guerneville, mit Rosengarten und Gelegenheit zum Probieren von Wein, Sekt, ausgewählten Fassbieren und Delikatessen, täglich 10 bis 18 Uhr geöffnet.

Informationen:
Bodega Bay Chamber of Commerce
850 Coast Highway 1; Tel. 707/875-3422

Länge: ca. 160 Meilen; **Dauer:** Tagesausflug;
Karte: → S. 81

Im idyllischen Sausalito auf der »anderen« Seite der San Francisco Bay lässt sich's gut leben.

AUSFLÜGE

Abstecher ins kalifornische Weinland: Napa und Sonoma Valley

Kalifornische Weine genießen mittlerweile Weltruf – die besten kommen aus den Weintälern gleich nördlich von San Francisco. Ein Abstecher dorthin zur Weinverkostung ist aber auch landschaftlich ein Erlebnis.

Der Ausflug nach Norden wird am besten per Auto unternommen und lohnt sich vor allem, wenn San Francisco im Nebel versinkt – in den Tälern Napa und Sonoma Valley scheint im Sommer mit ziemlicher Sicherheit die Sonne. Die Tour beginnt mit einem der schönsten Anblicke der amerikanischen Westküste. Entlang der Van Ness Avenue und der Lombard Street befahren wir den US-101 Richtung Norden und erreichen die **Golden Gate Bridge**. Auch wenn an deren Südende eine Zahlstelle aufgebaut ist, braucht man beim Verlassen der Stadt keine Gebühr zu entrichten. Meist herrscht reger Verkehr, und so lohnt es sich, gleich am Nordende zum **Vista Point** rechts abzufahren und noch einmal in Ruhe den Blick auf das majestätische Bauwerk und die Hügel San Franciscos zu genießen.

Wir bleiben noch ein ganze Weile auf dem US-101, verlassen ihn erst nach gut 20 Meilen und biegen auf den Highway 37 Richtung Vallejo ab. Noch ein weiteres Mal wechselt die Fahrtrichtung: An einer Ampelkreuzung nehmen wir den Highway 121 nach Norden. Gleich hinter dem **Schellville Racetrack** taucht rechter Hand das **Wine Country Visitor Center** auf (täglich 10–17 Uhr geöffnet), in dem es informative Prospekte der Winzer aus der Umgebung gibt.

Die nächste Station ist schon **Napa**, doch stellt der Ort mit seinen 60 000 Einwohnern wenig mehr dar als eine recht ausgedehnte Schlafstadt für Menschen, die täglich zur Arbeit nach San Francisco oder Vallejo pendeln, in dem es kaum Attrak-

NAPA UND SONOMA VALLEY

tionen gibt. Doch hier beginnt das eigentliche Weintal: Wie an einer Perlenkette aufgereiht zieht sich **winery** um **winery** entlang des Highway 29 nach Norden, die alle zu Besichtigung und Weinprobe einladen. Große Namen finden sich allerorten: »Clos Du Val«, »Sutter Home«, »Charles Krug«, »Beringer«, »Sattui«, »Mondavi« und viele andere. Verständlich, dass an Wochenenden hier viel Ausflugsverkehr herrscht. Wer sich nicht mit Wegweisern und Parkplätzen abgeben will, kann in den **Napa Valley Wine Train** umsteigen, der das Tal entlangbummelt, hier und da stoppt und schon an Bord gute Tropfen kredenzt (Mo–Fr 11 und 18 Uhr, Sa und So 12 und 17.30 Uhr ab Downtown Napa, Tickets von 25 $ – ohne Gourmet-Dining – bis 100 $, Reservierung unter Tel. 800/427-4124 nötig).

Richtung Norden liegen mehrere kleine Orte an der Strecke, von denen nur **St. Helena** einen kurzen Bummel entlang der Main Street lohnt. Richtig interessant und vielseitig ist dafür **Calistoga**. Das Städtchen mit 4500 Einwohnern verdankt seine Bekanntheit weniger dem Wein als vielmehr dem Wasser: Es sprudelt hier in besonderer Qualität aus dem Boden, wird für erholsame Kurbäder genutzt und kann in Flaschen abgefüllt überall in Kalifornien gekauft werden. Das historische Orts-

Napa
Napa Valley Wine Train

(29)

45 km

St. Helena
20 km
Calistoga

Calistoga Depot

Jack Londons »Wolf House« (→ S. 91) brannte 1913 noch vor dem Einzug des Autors nieder.

• AUSFLÜGE

Calistoga
Calistoga Depot

Old Faithful Geyser

Petrified Forest

(29)

45 km

Sterling Vineyards

Oakville Grade

Sonoma Valley

Glen Ellen
Jack London State Historic Park

(12)

House of Happy Walls
Wolf House

bild lockt seinerseits viele Besucher ans Nordende des Tals, die gern zwischen den alten Gebäuden im Western-Stil herumspazieren. Im **Calistoga Depot** – dem ehemaligen Bahnhof – sind Restaurants, Weinhandlungen und die Touristeninformation untergebracht, wo es auch Pläne für Stadtrundgänge gibt.

Gleich nördlich von Calistoga finden sich zwei ungewöhnliche Attraktionen: der **Old Faithful Geyser**, der alle 40 Minuten heißes Wasser in die Höhe schleudert (1299 Tubbs Lane, ab Calistoga ausgeschildert, täglich 9–17 Uhr, Eintritt 4.50 $), und der **Petrified Forest** (4100 Petrified Forest Road, ebenfalls ausgeschildert, täglich 10–18, im Winter bis 17 Uhr, Eintritt 3 $), wo ein Trampelpfad an verschiedenen versteinerten Bäumen vorüberführt. Die Versteinerungen entstanden, als der sieben Meilen nördlich gelegene Vulkan Mount St. Helena vor drei Millionen Jahren eine alles erstickende Aschewolke ausstieß. Wer diese Sehenswürdigkeiten aus ungewöhnlicher Perspektive betrachten will, kann in Calistoga eine Runde mit dem Segelflieger machen (Calistoga Gliders, 1546 Lincoln Avenue, Tel. 707/942-5000, täglich Flüge ab 79 $).

Ein Tipp noch für Weinfreunde: die **Sterling Vineyards**. Dieses Weingut im mediterranen Stil liegt auf einem Berg nördlich des Ortes und ist nur per Seilbahn zu erreichen (1111 Dunaweal Lane, täglich 10.30–16.30 Uhr geöffnet).

Den Rückweg nach San Francisco können wir über eine andere, ebenfalls interessante Strecke antreten: Ab Oakville folgen wir Richtung Westen dem äußerst steilen **Oakville Grade** über den Höhenzug, der die beiden Weintäler voneinander trennt, und erreichen bei Glen Ellen das **Sonoma Valley**. Was die Winzer hier produzieren, ist ebenfalls Spitzenklasse, und Namen wie »Sebastiani«, »Benziger« oder »Gloria Ferrer« brauchen sich nicht zu verstecken. In **Glen Ellen** bietet sich ein kurzer Abstecher zum **Jack London State Historic Park** an; er schützt das ehemalige Wohnhaus und die Reste der Experimentalfarm des Autors – für Literaturfreunde ein unbedingtes Muss. In dem Haus von Londons Witwe – dem **House of Happy**

NAPA UND SONOMA VALLEY

Walls – können viele Memorabilien aus dem Schriftstellerleben besichtigt werden. Etwas entfernt liegen die Ruinen des repräsentativen **Wolf House** – einen Tag vor dem Einzug des Autors brannte das Gebäude im August 1913 bis auf die Grundmauern nieder und wurde nie wieder hergerichtet (täglich 8–17 Uhr geöffnet, Eintritt 5 $). Weinfreunde kommen auf dem Weg dorthin in der **Glen Ellen Winery** auf ihre Kosten, die allerdings auch unten im Ort eine Probierstube betreibt.

Der Arnold Drive – eine schmale Landstraße – bringt uns via Petaluma Avenue nach **Sonoma**, eine kleine Stadt mit viel Geschichte. Sie war im Jahr 1846 Hauptstadt der unabhängigen Republik Kalifornien – ganze 25 Tage lang. Der Rundgang um den zentralen Platz ist wie ein historisches Bilderbuch: Die Häuser sind steinerne Zeugen aus jener Phase der kalifornischen Geschichte, in der die Ablösung von Mexiko und Hinwendung zur US-Föderation erfolgte. Inmitten der bereits 1834 angelegten Plaza liegt die **City Hall** von 1908, die auch als Gerichtsgebäude diente. Das **Blue Wind Inn** aus den 1840er Jahren war das erste Hotel nördlich von San Francisco. In den **Sonoma Barracks**, einer zweistöckigen Kaserne mit Stallungen, waren ab 1836 die mexikanischen Truppen stationiert. Im nordöstlichen Winkel des Platzes schließlich liegt die letzte am Camino Real angelegte kalifornische Mission, **San Francisco Solano de Sonoma**, aus dem Jahr 1823 (täglich 10 bis 17 Uhr).

Zurück nach San Francisco geht es wieder über die Highways 121 und 37 Richtung US-101. Wer den Weg variieren möchte, hält sich auf dem Highway 37 östlich und fährt ab Vallejo auf dem Interstate 80 an die Bay zurück.

Information:
– **Napa Valley Conference and Visitors Bureau**
  1310 Napa Town Center; Tel. 707/226-7459
– **Calistoga Chamber of Commerce**
  1458 Lincoln Avenue; Tel. 707/942-6333
Sonoma und Napa werden auch ab Transbay Terminal San Francisco von Greyhound-Bussen angefahren.

Länge: ca. 170 Meilen; **Dauer:** Tagesausflug;
Karte: → S. 81

AUSFLÜGE

Sonne und Strand, Schwimmen, Surfen und »easy living«: das südliche Küstengebiet

Der Küsten-Highway 1 von Monterey durch Big Sur nach Santa Barbara gilt als eine der Traumstraßen dieser Welt. Auch wer nicht so weit fahren kann, braucht auf spektakuläre Eindrücke nicht zu verzichten, denn schon auf der Strecke bis Santa Cruz erlebt man tolle Küstenabschnitte, viel Natur, sieht majestätische Redwood-Bäume und kann eine typische amerikanische **college town** erkunden.

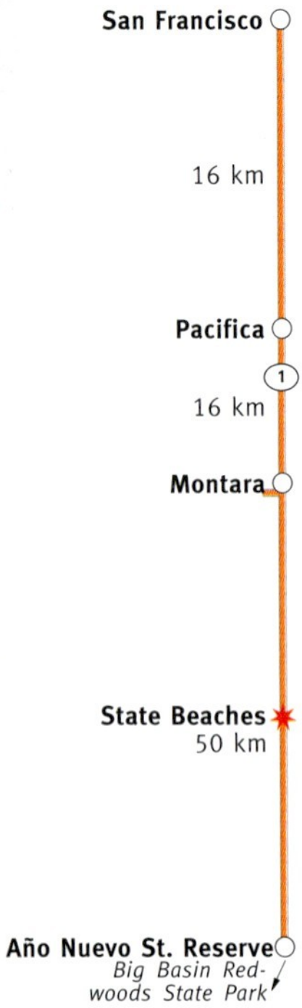

San Francisco

16 km

Pacifica
①
16 km

Montara

State Beaches
50 km

Año Nuevo St. Reserve
Big Basin Redwoods State Park

In San Francisco fahren wir die Market Street bis Höhe Fell Street beim Civic Center und folgen dieser dann bis zum Golden Gate Park, wo die Straße den Namen wechselt und als John F. Kennedy Drive durch den Park bis zum Pazifikstrand führt. Hier biegen wir auf den Great Highway Richtung Süden ab; von nun an wird uns der Ozean zur Rechten bis nach Santa Cruz begleiten.

Bei Pacifica – wo wir den eigentlichen Highway 1 erreichen – hört der Ballungsraum San Francisco urplötzlich auf. Die Straße schlängelt sich zuweilen in beträchtlicher Höhe oberhalb des Küstensaumes dahin. Bei Montara verläuft der Highway wieder auf flacherem Niveau, doch bald beginnt eine eindrucksvolle Berg- und Talfahrt entlang der ausgewaschenen Steilküste. Wenn auf dem breiten Seitenstreifen Autos stehen, gibt es hier gewiss einen Zugang zum Wasser – aber manchmal sind es nur sehr kleine Buchten. Mehrere offizielle **state beaches,** so etwa der empfehlenswerte Moss Beach, bieten bessere Park- und Zugangsmöglichkeiten.

Das **Año Nuevo State Reserve** ist für die hier oft an Land kommenden großen Robben bekannt. Doch selbst wenn man diese eindrucksvollen

DAS SÜDLICHE KÜSTENGEBIET

Wesen nicht zu Gesicht bekommt: Es lohnt sich, einmal etwas länger auf einem der Steilküstenvorsprünge zu verweilen und den Pelikanen zuzuschauen, wie sie in dichter Folge zu viert, fünft, sechst hintereinander herfliegen, flach über die Wellen hingleiten, nach einem Fisch ins Wasser hinabtauchen oder unvermutet hinter dem Küstenabbruch in die Höhe sausen. Sie sind wahre Meister der Flugkunst.

Die Küste ist insgesamt nur dünn besiedelt, und die wenigen Orte wie Pescadero, Swanton oder Davenport sind ohne herausragendes Profil – was nicht heißt, dass die Seafood-Restaurants schlecht wären; sie kommen aber noch ohne viel Tamtam aus. Und das ist zur Abwechslung eigentlich ganz angenehm.

Kurz vor Santa Cruz nimmt der Autoverkehr wieder zu. Naturfreunde werden vor einem Stadtbummel vielleicht einen Abstecher zum **Big Basin Redwoods State Park** machen, der 20 Meilen nördlich der Stadt nahe des Highway 9 liegt. Sollten Sie nicht noch weiter in den Norden hinauffahren wollen, wo die berühmten Redwood-Mammutbäume in großer Zahl existieren, ist dies eine gute Gelegenheit, die nur an der kalifornischen Küste heimischen Naturwunder zu betrachten (man kann das auch auf dem Rückweg machen, sollte dann aber zeitig losfahren).

Santa Cruz gilt als Surfin' City USA, und es scheint, als führe jeder der 49 000 Einwohner gerade mit einem klapprigen VW und Surfbrett auf dem Dach zum nächsten Strand. Tatsächlich weist die Stadt einen herrlichen Uferabschnitt auf, der einfach dazu einlädt, die Schuhe auszuziehen und durch den Sand zu stapfen, bis man ein ruhiges Plätzchen für ein Sonnenbad gefunden hat (was in der Hochsaison schwierig werden kann). Vom Ende des in den Pazifik hinausführenden **Municipal Pier** – auf dem man auch das Auto parken kann – bieten sich schöne Ausblicke auf Stadt, Boardwalk und vor allem auf den **Steamship Point**, wo die anrollenden Wellen mit Surfern regelrecht gespickt sind. Ein Neoprenanzug schützt sie vor dem kalten Wasser.

Año Nuevo State Reserve
★ **Big Basin Redwoods State Park**

① 30 km

○ **Santa Cruz**
San Francisco

AUSFLÜGE

Nach den vielen Natureindrücken werden Kinder in Santa Cruz für eine ganz besondere Abwechslung dankbar sein: Der **Santa Cruz Beach Boardwalk** bietet ein uraltes Karussell, eine 1924 erbaute Achterbahn sowie im benachbarten **Neptune's Kingdom** unzählige Spielgeräte und eine große Minigolfanlage. Der Park hat im Sommer täglich von 11 bis 19 Uhr geöffnet, sonst nur am Wochenende.

Für das leibliche Wohl sorgen in Downtown Santa Cruz viele Cafés und Restaurants – man merkt, dass sie eine studentische Klientel haben, denn die Preise sind angenehm niedrig. Der gesamte Ort wurde beim Loma-Prieta-Erdbeben von 1989 schwer in Mitleidenschaft gezogen und befindet sich in einer Wiederaufbauphase. Wer sich für Kultur im engeren oder weiteren Sinn interessiert, kann das **McPherson Center for Art & History** (705 Front Street, Di–So 11–16, Do bis 20 Uhr, Eintritt 5 $) mit sehr kinderfreundlichen Displays oder das in einem ehemaligen Leuchtturm untergebrachte **Mark Abbott Memorial Surfing Museum** (Lighthouse Point, Do–Mo 12–16 Uhr, Eintritt frei) besuchen.

1885 ritten zwei polynesische Prinzen erstmals mit Surfbrettern auf den Wellen der Bucht

Die Rückfahrt nach San Francisco treten wir – wenn es spät ist – via Highway 17 bis Los Gatos und von dort über den Interstate 280 an. Wenn noch genügend Zeit bleibt, ist die Strecke über den Highway 9 und den Big Basin Redwoods State Park vorzuziehen, die allerdings deutlich längere Fahrzeit beansprucht.

Big Basin wurde schon im Mai 1900 unter Schutz gestellt und ist Kaliforniens ältester State Park. Die Save-the-Redwoods-League erwirbt noch heute ständig Waldstücke und fügt sie dem Areal hinzu. Der Park ist täglich von 8 Uhr bis zur Dämmerung geöffnet; Eintritt pro Wagen 5 $.

Informationen:
Santa Cruz Chamber of Commerce
1453 Pacific Avenue; Tel. 408/459-0900.

Bild S. 95: Kalifornische Mammutbäume erreichen Höhen um 100 Meter und lassen alles andere Leben zwergenhaft erscheinen.

Mehrere Busunternehmen sowie die Firma Greyhound verkehren regelmäßig zwischen San Francisco und Santa Cruz.

Länge: ca. 160 Meilen; **Karte:** → S. 81

DAS SÜDLICHE KÜSTENGEBIET

WICHTIGE INFORMATIONEN

Von Anreisemöglichkeiten über den Festkalender und Verkehrsverbindungen bis zu den Zollformalitäten: Alles Wissenswerte ist hier übersichtlich aufgeführt.

Außer politischen Botschaften veranschaulichen die »murals« der Balmy Street auch den traditionellen Lebensstil Lateinamerikas.

San Francisco von A–Z

Anreise

Mit dem Auto
Wer über Land nach San Francisco reist, kommt von Norden her via US-101 und Golden Gate Bridge (3 $ Maut), von Osten über den Interstate 80 und die San Francisco-Oakland Bay Bridge (2 $ Maut) und aus dem Süden entlang des US-101 oder des Interstate 280 in die Stadt. Alle diese Strecken sind Autobahnen und zur Stoßzeit entsprechend verstopft. Auch der Küstenhighway 1 endet von Norden her auf dem US-101. Wer von Süden kommt und den Freeway meiden will, muss ab Pacifica über zahlreiche Stadtstraßen navigieren. Greyhound-Busse halten im Transbay Terminal in der First Street.

Mit dem Flugzeug
Fast alle großen Linien fliegen den **San Francisco International Airport** (SFO) direkt an; er liegt 14 Meilen (23 Kilometer) südlich der City an der Bay. Charterunternehmen und viele inneramerikanische Flüge haben das Ziel **Oakland International Airport**. Die Einreiseformalitäten am SFO lassen sich meist sehr schnell und problemlos erledigen. Draußen vor dem Terminal bieten sich gleich mehrere Möglichkeiten, um in die Stadt zu gelangen: Täglich zwischen 5 und 23 Uhr verkehrt der **SFO Airporter** alle 10 bis 20 Minuten nach Downtown San Francisco und hält am Union Square. Die Fahrt kostet 9 $. Wer Zimmer in einem der größeren Hotels gebucht hat, fährt umsonst mit dem eigenen kostenlosen Shuttle-Service, den zahlreiche Häuser unterhalten. Die offiziellen **SamTrans-Linienbusse** (Route 7B) zum Transbay Busterminal in der Stadt sind nur für Reisende mit sehr schmalem Budget eine Alternative; sie kosten zwar nur 2 $, aber dafür halten sie häufig, und man darf maximal ein Gepäckstück mitnehmen.

Das **Taxi** bietet den bequemsten und auch günstigsten Service, sobald sich drei Fahrgäste die Rechnung teilen: Für ca. 35 bis 40 $ plus Trinkgeld wird man auf direktem Weg an sein Ziel gebracht und bekommt eine erste Erklärung von Sehenswürdigkeiten gratis.

Fluglinien:
– American Airlines, Tel. 800/433-7300
– British Airways, Tel. 800/247-9297
– Delta Air, Tel. 800/325-0678
– KLM, Tel. 800/777-5553
– Lufthansa, Tel. 800/645-3880
– United, Tel. 397-2100

Mit dem Zug
Das Liniennetz der US-Bahngesellschaft **Amtrak** ist stark ausgedünnt, und kein Zug steuert San Francisco direkt an: Traditionell ist Oakland der Endbahnhof. Nur ein paar kleinere

> ## ❶ MERIAN-Tipp
>
> Die kleinen **Shuttle-Busse**, die vom Airport in die Stadt fahren, sind auch für den Rücktransport zum Flughafen ideal: Ca. 15 $ pro Person kostet der Trip. Man wird überall im Stadtgebiet von der Haustür abgeholt und garantiert rechtzeitig zum gewünschten Terminal gebracht. Die kleinen Vans machen dabei maximal drei Stopps, um andere Passagiere aufzunehmen. 24 Stunden vorher reservieren – die genannte Abholzeit ist so berechnet, dass auch Staus nicht zu einem verpassten Flug führen. American Airporter Shuttle, Tel. 558-0469; Bay Shuttle, Tel. 564-3400; Quake City Shuttle, Tel. 255-4899; Supershuttle, Tel. 558-8500

ANREISE – FESTE UND FESTSPIELE

Regionalunternehmen verbinden San Francisco mit der südlichen Halbinsel und halten im **CalTrain Depot** im Stadtteil South of Market. Die Bahnlinien nach Sacramento oder Los Angeles fahren entlang der East Bay und halten u. a. in Berkeley, Emeryville und Oakland.

Auskunft

Visitor Information Center
◼ C 7, S. 114
Mit großem Prospektangebot und sachkundiger Beratung.
900 Market St./Hallidie Plaza (Eingang der BART-Station Powell Street); P.O. Box 429097; Tel. 391-2000; Bandansage Englisch Tel. 391-2001 Bandansage Deutsch Tel. 391-2004; Mo–Fr 9–17.30, Sa und So bis 15 Uhr

Prospekte über San Francisco und Kalifornien können gegen Kostenerstattung angefordert werden beim **Touristikdienst Truber**
Schwarzwaldstraße 13, 63811 Stockstadt, Tel. 0 60 27/40 11 08

Bevölkerung

Von den sechs Millionen Menschen des Bay-Gebiets leben 770 000 in San Francisco. 46,6 % davon haben europäische Wurzeln, 28,4 % sind chinesischer Abstammung, 13,9 % Hispanics, 10,5 % Afro-Amerikaner, 0,4 % Indianer.

Diplomatische Vertretungen

Deutsches Konsulat
Consulate General of the Federal Republic of Germany ◼ A 7, S. 114
1960 Jackson St./Nob Hill; CA 94109; Tel. 775-1061

Österreichisches Konsulat
Austrian Consulate ◼ D 7, S. 115
41 Sutter St./Financial District; CA 94104; Tel. 951-8911

Schweizer Konsulat
Consulate General of Switzerland
◼ D 7, S. 115
456 Montgomery St., Suite 1500/Financial District; CA 94111; Tel. 788-2272

In Deutschland:
Botschaft der USA
Deichmanns Aue 29; 53179 Bonn; Tel. 02 28/33 91

In Österreich:
Botschaft der USA
Boltzmanngasse 16a, 1090 Wien; Tel. 01/3 13 39

In der Schweiz:
Botschaft der USA
Jubiläumsstr. 93; 3005 Bern; Tel. 0 31/3 57 70 11

Feiertage

Neujahr	1. Jan.
Martin Luther King jr. Birthday	3. Mo im Jan.
President's Day	3. Mo im Feb.
Ostermontag	
Memorial Day	letzter Mo im Mai
Independence Day	Unabhängigkeitstag, 4. Juli
Labor Day	Tag der Arbeit, 1. Mo im Sept.
Admission Day	Tag des Eintritts Kaliforniens in die Union, 9. Sept.
Columbus Day	2. Mo im Okt.
Veteran's Day	11. Nov.
Thanksgiving	Erntedankfest, letzter Do im Nov.
Christmas Day	25. Dez.

Feste und Festspiele

Neben seinen vielen Sehenswürdigkeiten hat San Francisco auch verschiedene temporäre Attraktionen zu bieten: Von Frühjahr bis Herbst vergeht kaum ein Wochenende, an dem nicht irgendwo gefeiert, musiziert, ein Feuerwerk abgebrannt, eine Para-

San Francisco von A–Z

de veranstaltet oder Sport getrieben wird. Vor allem bei den Straßenfesten zeigen sich die Viertel der Stadt in ihrer kulturellen und ethnischen Individualität – vom italienischen North Beach zum lateinamerikanischen Mission District, vom schwulen Castro District zur Hippie-Nostalgie von Haight-Ashbury. Hinzu kommen die Feiertage der Iren, Mexikaner und Chinesen, die oft prachtvollturbulent begangen werden.

Auch bei den eher klassischen kulturellen Veranstaltungen bietet San Francisco ein vielfältiges Angebot mit oftmals namhaften Teilnehmern: Film-, Blues- und Jazz-Festivals, klassische Konzerte und Shakespeare-Aufführungen werden von kleineren Literatur- und Musikprogrammen ergänzt.

Wer Interesse an Messen und Verbraucherausstellungen hat, hat es an der Bay jedoch eher schwer: Die Veranstaltungen im riesigen Moscone Center im Stadtteil South of Market richten sich fast ausschließlich an Fachbesucher.

Eine umfassende Übersicht der Veranstaltungen (Calendar of Events) erhält man vom:

San Francisco Convention & Visitors Bureau ■ E 5
201 Third Street; San Francisco, CA 94103-3185; Tel. 974-6900, Fax 227-2668; www.sfcvb.org

Februar
Chinese New Year
Mit einer farbenprächtigen Parade und Feuerwerk feiert ganz Chinatown den Jahreswechsel.
14. Feb.

April
SF International Film Festival
Schwerpunkte sind unabhängige Filme und Produktionen aus der »Dritten Welt«. Veranstaltungsorte sind das Castro Theater und andere Kinos im Stadtgebiet.
Ende April

Mai
Cinco de Mayo
Turbulente Feiern zum mexikanischen Unabhängigkeitstag im Mission District.
Wochenende um den 5. Mai

Bay to Beakers
Traditioneller Volkslauf quer durch die Stadt, bei dem skurrile Kostüme wichtiger sind als die Bewältigung der Strecke. Embarcadero bis Pacific Coast Highway.
Mitte Mai

Juni
Haight Street Fair
Straßenfest im Hippie-Viertel auf der Haight Street.
2. Wochenende im Juni

Lesbian & Gay Freedom Day Parade
Karnevalsähnlicher Umzug der Lesben, Schwulen, Transsexuellen über die Market Street; abends finden ausgelassene Feiern im Castro-Viertel statt.
Letzter So im Juni

Juni–August
Stern Grove Midsummer Music Festival
Sonntägliche klassische Gratiskonzerte im Golden Gate Park.

Juli
Fourth of July Waterfront Festival
Musik, Grillen, Drachen steigen lassen – und zur Feier der Unabhängigkeit abends ein Feuerwerk. Fisherman's Wharf bzw. Crissy Field.
4. Juli

Cable Car Bell Ringing Competition
Wettbewerb der Cable-Car-Fahrer auf dem Union Square, wer am eindrucksvollsten die Glocke läuten kann.
Mitte Juli

FESTE UND FESTSPIELE – FOTOGRAFIEREN

September
Festival de las Americas
Straßenfest diverser Latino-Gruppen auf der 24th Street im Mission District.
Mitte Sept.

San Francisco Blues Festival
Vier Tage Livemusik rings um das Fort Mason.
Mitte Sept.

San Francisco Shakespeare Festival
Auf Freilichtbühnen im Golden Gate Park werden Stücke des Klassikers inszeniert.
Anfang Sept. bis Anfang Okt.

Oktober
Castro Street Fair
Ausgelassenes Straßenfest im Homosexuellen-Viertel.
Mitte Okt.

Halloween
Kostüme und abendlicher Schabernack rings um die City Hall.
31. Okt.

November
Dia de los Muertos
Kerzenprozession auf der Mission Street zum mexikanischen Totentag.
2. Nov.

Fotografieren

Wenn es nicht zu aufdringlich gemacht wird, stört sich kaum ein San Franciscan daran, fotografiert zu werden. Filme sind daheim meist billiger als in den USA, wo 24 Aufnahmen pro Rolle die Regel ist. Ein röntgensicherer Schutzbeutel beim Transport kann nicht schaden. In der Stadt entwickeln viele Labors die Bilder oder Dias innerhalb eines Tages.

*Moderne Kunst der Siebziger:
Eine riesige Lilie aus Beton
erhebt sich zwischen den
Hochhaustürmen des Embarcadero Center.*

101

San Francisco von A–Z

Führungen/Touren

All About Chinatown
Unterschiedlich konzipierte Rundgänge, auf Wunsch inklusive Restaurantbesuch.
Tel. 982-8839; ab 25 $ pro Person

Bay Cruise and City Tour
Bootsfahrt auf der Bay und Rundfahrt im Bus.
Blue & Gold Fleet; Tel. 773-1188; ab 33 $

Cruisin' the Castro
Vierstündiger Rundgang zur Geschichte der Gay Community.
Tel. 550-8110; ab 35 $

Dashiell-Hammett-Tour
Vierstündiger San-Francisco-Rundgang auf den Spuren des Kriminalautors und seiner literarischen Gestalten.
Tel. 510/287-9540; Mai–Sept. jeden So 12 Uhr; 10 $

Haight-Ashbury Flower Power Walking Tour
Zweieinhalbstündiger Rundgang auf den Spuren der Hippie-Bewegung.
Tel. 863-1621; ab 15 $

Movies Made in San Francisco
Zwei jeweils vierstündige Rundgänge zu Filmdrehorten.
Bay Ventures; Tel. 510/234-4834; ab 20 $

3 Babes and a Bus
Vierstündige Rundfahrt zu vier Nachtclubs.
Jeden Fr und Sa; Tel. 552-2582; 30 $

Bay Bicycle Tours
Neun-Meilen-Radtour über die Golden Gate Bridge nach Sausalito, Rückfahrt per Boot.
Tel. 436-0633; Ab 35 $ inklusive Fahrradmiete

Geld

Banken sind Mo–Fr 10–15, einige bis 17 Uhr geöffnet. Da man für europäische Devisen in den USA nur sehr schlechte Wechselkurse erzielt, sollte man Dollars von daheim mitbringen. Am sinnvollsten besteht die Reisekasse aus einer Kombination von Dollar-Reiseschecks, Bargeld und Kreditkarte. Nationale Schecks oder Karten für Bankautomaten sind absolut nutzlos.

Thomas Cook Currency Services
■ C 7, S. 114
1 Powell St.; Mo–Do 9–18, Fr 9–17, Sa 9–14 Uhr

Internet

Informationen über die Stadt erhält man unter folgenden Adressen:
http://www.sfvisitor.org
http://www.digitalcity.com/sanfrancisco

Kleidung

Aufgrund des zu jeder Jahreszeit auftretenden Nebels sollte auch im Sommer wärmere Kleidung eingepackt werden. In vielen Restaurants, Hotelbars und im Theater wird auf elegante Garderobe Wert gelegt.

Maße und Gewichte

1 gallon = 3,785 l
1 pound = 435 g
1 mile = 1,6 km
1 inch = 25,4 cm
1 yard = 91,4 cm

Medizinische Versorgung

Die in Amerika sehr teure medizinische Versorgung muss selbst bezahlt werden und wird nur bei Abschluss einer Reise- oder Auslandskrankenversicherung rückerstattet.

FÜHRUNGEN/TOUREN – REISEWETTER

Ärztlicher Notdienst:
Davies Medical Center ■ a 1, S. 77
Castro St./Duboce St.; Tel. 565-6060

Zahnärztlicher Notdienst:
SF Dental Office ■ E 7, S. 115
131 Steuart St./Embarcadero; Tel. 777-5115

Notruf

Allgemeiner Notruf Tel. 911

Post

Postämter haben von Mo bis Fr von 9 bis 17, Sa bis 13 Uhr geöffnet; das Postamt im Kaufhaus Macy's täglich bis 20 Uhr. Das Luftpostporto für eine Postkarte nach Europa beträgt 50 Cent, ein Standardbrief kostet 60 Cent. Die Sendungen benötigen ca. sechs Tage.

Rauchen

In San Francisco werden die kalifornischen Nichtrauchergesetze strikt angewandt. Restaurants und Kneipen, Kaufhäuser und alle öffentlichen Räume – U-Bahn-Stationen, Fahrstühle, Flure, Eingangslobbys u. ä. – müssen absolut rauchfrei bleiben.

Reisedokumente

Für die Einreise in die USA genügt ein noch sechs Monate gültiger Reisepass. Ein Visum ist für Bürger der Bundesrepublik, Österreichs und der Schweiz nicht erforderlich. Wer auf alle Eventualitäten vorbereitet sein will, sollte auch einen nationalen Personalausweis mitnehmen. (Falls die Beschaffung eines Ersatzpasses nötig wird, ist ein solches Originaldokument sehr hilfreich.) Auch die einfache Fotokopie des Reisepasses kann sehr nützlich sein.

Autofahrer sollten außer dem nationalen auch einen internationalen Führerschein mitnehmen.

Reisewetter

»It never rains in Southern California« – aber San Francisco liegt im Norden

---

Nebenkosten in Euro

1 Tasse Kaffee	1,00–1,50
1 Bier	3,00
1 Cola	1,40
1 Burger	3,00
1 Schachtel Zigaretten	3,50
1 Liter Benzin	0,50
Fahrt mit öffentlichen Verkehrsmitteln	1,50–2,00
Mietwagen/Tag ab ca.	30,00

Wechselkurse

USA	EU	CH
Dollar	Euro	Franken
0,5	0,55	0,80
1	1,10	1,60
2	2,20	3,20
5	5,50	8,00
10	11,80	16,00
20	22,00	32,00
30	33,00	48,00
50	55,00	80,00
100	110,00	160,00
250	275,00	400,00
500	550,00	800,00
750	825,00	1200,00
1000	1100,00	1600,00

SAN FRANCISCO VON A–Z

und hat seinen Nebel. Der Zusammenprall heißer Luft aus der Sierra Nevada mit einer sehr kalten Pazifikströmung beschert der Stadt ihr berühmtes und nicht immer angenehmes Phänomen. Selbst im Hochsommer, der hier eher kühl ist, kann plötzlich die alles verhüllende feuchtkalte Wolke aufziehen. Und häufig weht auch ein ordentlicher Wind; der bläst dafür die letzten Dreckreste aus der ohnehin ziemlich sauberen Luft.

Beste – weil wärmste und sonnigste – Reisezeit sind Mitte April bis Mitte Juni und September/Oktober; dann kann es sogar hochsommerlich heiß werden. Ein weiterer Pluspunkt: Auch im Winter ist's für einen Trip an die Bay eigentlich nie zu ungemütlich.

Sport

Baseball der San Francisco Giants kann man von April bis September, Football der San Francisco 49ers von September bis Dezember im 3Com Park, dem ehemaligen Candlestick Park, in Süden der Stadt sehen.

Informationen unter
Tel. 467-8000 (Giants) bzw.
Tel. 468-2249 (49ers).

Fitness-Center:
Bay Club ■ D 5-6, S. 115
Eines der wenigen Fitness-Center, wo man in großen Pools schwimmen kann. Es gibt Workout-Maschinen in allen Varianten und Möglichkeit zum Squash-Spielen.
150 Greenwich St.; Tel. 433-2260;
Mo–Fr 5.30–23, Sa und So 7–21 Uhr;
Eintritt 10–15 $

Surfbrettverleih:
City Front Sailboards ■ E 2, S. 113
Surfbrettverleih für Könner, ab 45 $ pro Tag inklusive Segel. Da die Bay und das Golden Gate gefährliche Strömungsverhältnisse haben, sollte man hier genaue Informationen einholen.
2936 Lyon St., Tel. 929-7873

Stromspannung

Die elektrische Spannung beträgt 110 Volt; ein Adapter ist notwendig.

Die genauen Klimadaten von San Francisco

	Januar	Februar	März	April	Mai	Juni	Juli	August	September	Oktober	November	Dezember
Durchschnittl. Temp. in °C — Tag	13,2	14,8	15,9	16,6	17,4	18,3	17,9	18,3	20,5	20,2	17,6	14,2
Durchschnittl. Temp. in °C — Nacht	7,5	8,5	9,2	9,7	10,7	11,7	11,8	12,2	12,8	12,4	11,1	8,6
Sonnenstunden pro Tag	4,9	6,9	7,9	9,1	9,6	11,0	9,3	8,3	8,8	7,5	6,3	4,6
Regentage	11	10	10	6	3	1	1	1	1	4	8	11

REISEWETTER – VERKEHRSVERBINDUNGEN

Telefon

Alle mit der Vorwahl 800 bzw. 888 beginnenden Telefonnummern sind gebührenfrei. Bei Ferngesprächen innerhalb der USA muss zuerst immer eine 1 gewählt werden.

Vorwahlen
D, A, CH USA: 001
USA D: 0 11 49, dann die 0 der nationalen Vorwahl weglassen
USA A: 0 11 43
USA CH: 0 11 41

Wer die in Hotels üblichen hohen Aufschläge für Telefonate sparen will, kann auch eine »pre-paid phone card« verwenden, die man in Drugstores, Tabakläden und an Tankstellen bekommt.

Europäische Mobiltelefone können in den USA nur verwendet werden, wenn es Tri-Band-Geräte sind, die vor Ort auf 1900 Hertz umgestellt werden. Falls es trotzdem nicht klappt, können in Kalifornien »pre-paid-cards« von PacBell benutzt werden (kein Roaming im Rest der USA möglich).

Trinkgeld

Trinkgelder – »tips« – sind nicht im Preis inbegriffen, und da sie für Bedienungen einen essenziellen Anteil des Verdienstes ausmachen, sollten stets 15 % vom Rechnungsbetrag gegeben werden – es sei denn, der Service war wirklich schlecht.

Verkehrsverbindungen

Auto/Mietwagen

In San Francisco über eigene vier Räder zu verfügen ist nicht unbedingt günstig: Verstopfte Hauptstraßen und horrende Parkgebühren trüben die angebliche automobile Freiheit. Bei den meisten Sehenswürdigkeiten gibt es Parkplätze, im Downtown-Bereich viele kostenpflichtige Parkhäuser. Für die allgegenwärtigen Parkuhren sollte man genügend 25-Cent-Münzen (**quarters**) dabeihaben. Fast nirgendwo in der Innenstadt lässt sich aber das Auto ohne Einschränkungen abstellen, und Parktickets oder Abschleppgebühren sind unangenehm teuer.

Wer ab San Francisco per Leihwagen herumreisen will, mietet das Auto besser erst gegen Ende des Aufenthaltes und nutzt es für Ausflüge – ansonsten bleibt nur die Alternative zwischen Verkehrsstress und der Hotel- oder öffentlichen Garage. Wer den Wagen bereits daheim reserviert, bekommt oft günstigere Tarife; das gilt auch für die teure Kasko-Versicherung. Stets ist aber ein Mindestalter von 25 Jahren, ein internationaler Führerschein und eine Kreditkarte nötig. Die großen Autovermieter haben Niederlassungen am Flughafen und in der Innenstadt.

Autovermietungen:
– A-1 Rent-A-Car,
  Tel. 292-1000
– Alamo, Tel. 882-9440
– Avis, Tel. 885-5011
– Budget, Tel. 928-7864
– Dollar, Tel. 692-1201
– Enterprise, Tel. 837-1700
– Hertz, Tel. 771-2200,
  Anschluss 575
– National, Tel. 474-5302
– Reliable, Tel. 928-4414
– Thrifty, Tel. 788-8111

Fahrrad

Auch wenn das Fahrrad an der Bay immer beliebter wird, lassen die vielen Hügel das Radeln oft zur Strapaze werden. Viele Autofahrer sind auf zweirädrige Verkehrsteilnehmer nicht eingestellt und übersehen sie gerne – eine Gefahr, die man auf Reisen lieber meidet. Für Touren durch den Golden Gate Park oder via Golden Gate Bridge nach Norden lohnt sich das Mieten eines Rades aber unbedingt.

SAN FRANCISCO VON A–Z

Fahrradvermietungen:
Blazing Saddles Bike Rentals
■ C 6, S. 114
1095 Columbus Ave./North Beach;
Tel. 202-8888; Mountainbikes 5 $/Std.,
25 $/Tag

Golden Gate Park Skate & Bike
■ A 14, S. 118
Verleih von allem, womit man aus
eigener Kraft auf zwei, vier, acht
Rädern fahren kann.
Inlineskates 6 $/Std. bzw. 24 $/Tag,
Rollerskates 4 $/Std. bzw. 12 $/Tag,
Räder 5 $/Std. bzw. 20 $/Tag.
Sicherheitsausrüstung inkl.
3038 Fulton St./Haigh Ashbury;
Tel. 668-1117

Adventure Bike Company
■ C 6, S. 114
Im Angebot sind Mountain- und
Trekkingbikes sowie Straßenräder
namhafter Hersteller.
968 Columbus Ave./North Beach;
Tel. 771-8735

> **❗ MERIAN-Tipp**
>
> **M**UNI-Pässse für 1, 3, 7 Tage bieten freie Fahrt auf allen Buslinien und Cable Cars sowie ermäßigten Eintritt in vielen Sehenswürdigkeiten (darunter das Museum of Modern Art, der Coit Tower, das Exploratorium, der Zoo, die Museen im Golden Gate Park und viele Attraktionen an Fisherman's Wharf). Es funktioniert wie ein Rubbel-Los, aber mit sicherem Gewinn: Man kratzt in einer Art Klapp-Kalender die gewünschten Tage frei und kann die Suche nach Fahrgeld vergessen. Sie kosten 7, 15 bzw. 21 $. Hinweise auf die nächstgelegene Verkaufsstelle gibt es unter Tel. 673-6864.

Öffentliche Verkehrsmittel
San Francisco verfügt über ein hervorragendes öffentliches Verkehrssystem (**MUNI**, »San Francisco Municipal Railway«) mit über 5000 Haltepunkten. Seine Busse und Straßenbahnen verkehren von etwa 5.30 bis 0.30 Uhr (OWL-Nachtbusse von manchen Routen von 0.30 bis 5.30), die einfache Fahrt kostet 1 $. **Cable Cars** fahren auf drei Routen von 6 bis 1 Uhr; das Ticket kostet hier 2 $.
Die U-Bahn **BART** verbindet die East Bay mit San Francisco und führt hier bis nach Colma. Betriebszeit von Montag bis Freitag 4 bis 24 Uhr, samstags ab 6, sonntags ab 8 Uhr; Tickets kosten je nach Entfernung ab 1.10 $.

Taxis
Wie in Deutschland auch winkt man Taxis einfach heran oder bestellt sie telefonisch. Die erste Meile kostet 1.70 $, jede weitere Meile 1.80 $. Zusätzlich sind 15 Prozent Trinkgeld obligatorisch.

Wirtschaft

San Francisco lebt weitgehend von »weißer Industrie« – also Verwaltung, Handel, Banken und Versicherungswesen sowie Tourismus. Gewerbebetriebe sind meist südlich der Stadtgrenze angesiedelt. Produzierende Industrie gibt es kaum, und auch der Hafen spielt keine Rolle mehr.

Zeitungen

Morgens erscheint der *San Francisco Chronicle*, am Spätnachmittag der *San Francisco Examiner*; am Wochenende bringen beide Blätter eine gemeinsame Ausgabe heraus. Als Informationsquelle für aktuelle Veranstaltungen sind auch der *Bay Guardian* und *SF Weekly* sehr hilfreich, die wöchentlich erscheinen und kosten-

VERKEHRSVERBINDUNGEN – ZOLL

los in Zeitungsständern, Geschäften und Lokalen ausliegen.

Deutsche Zeitungen kann man mit mehrtägiger Verzögerung im **Cafe de la Presse**, 352 Grant Ave., kaufen.

Zeitverschiebung

San Francisco liegt in der Pacific Time-Zone, d. h. mitteleuropäische Zeit minus neun Stunden. Ist es in München 18 Uhr, dann ist es also in Kalifornien 9 Uhr früh. Die Sommerzeitumstellung in Europa und Kalifornien findet fast parallel statt.

Zoll

In die USA dürfen 1 l Alkohol, 200 Zigaretten oder 50 Zigarren oder 2 kg Tabak sowie Geschenke im Wert bis zu 100 $ zollfrei eingeführt werden. Geldbeträge über 10 000 $ müssen deklariert werden.

Die Einfuhr von Lebensmitteln jeglicher Art, von Pflanzen und natürlich Drogen ist strengstens untersagt. Wer ungewöhnliche Medikamente mitführt, sollte der Einfachheit halber auch das Rezept einstecken.

Geschichte auf einen Blick

1500 v. Chr.
Indianer der Stämme Miwok und Costanoa siedeln auf der Halbinsel am Golden Gate.

1542
Fünfzig Jahre nach Kolumbus erkundet Juan Rodriguez Cabrillo als erster Europäer die Küste Kaliforniens.

1579
Sir Francis Drake segelt wegen des Nebels am Golden Gate vorbei und betritt bei Point Reyes das Land; Kontakt mit den Indianern.

1769
Eine spanische Expedition unter Leitung von Gaspar de Portolá reist vom Süden her die Küste hinauf und stößt vom Land her auf die Bay.

1775
Das erste Schiff segelt durch das Golden Gate – die »San Carlos« unter dem Kommando von Juan Manuel de Ayala.

1776
Der Spanier Juan Bautista de Anza beginnt im März mit dem Bau des Presidio, einer militärischen Befestigungsanlage. Im November gründet der Franziskanerpfarrer Fray Palou die Mission San Francisco de Asis, die heutige Mission Dolores.

1791
Bau der Mission Dolores.

1821
Presidio und Mission werden mexikanisch.

1835
Der britische Kapitän William Richardson gründet den Handelsposten Yerba Buena (»Platz der guten Kräuter«).

1846
Amerikanisch-mexikanischer Krieg. Am 9. Juli erobert John B. Montgomery kampflos den Ort und hisst die Flagge der USA. Die Einwohnerzahl beträgt 450.

1847
Umbenennung von Yerba Buena in San Francisco.

1848
Entdeckung von Gold am American River bei Sacramento, auf dem Besitz Johann August Sutters; San Francisco hat 900 Einwohner.

1849
Anwachsen der Bevölkerungszahl auf 25 000.

1850
Verdoppelung der Population auf 50 000 Menschen. Tod des letzten Miwok-Indianers. Kalifornien wird 31. Bundesstaat der USA.

1859
Silberfunde in der Comstock Lode in Westnevada bescheren San Francisco einen zweiten Wirtschaftsboom.

1865
Gründung des »San Francisco Chronicle«.

1869
Fertigstellung der transkontinentalen Eisenbahnlinie bis nach Oakland.

1873
Fahrt der ersten Cable Car. Erfinder Andrew Hallidie steuert persönlich.

1880
Tod von Norton I., dem selbst ernanntem Kaiser der USA. Der liebenswerte Kauz lebte seit 1854 in San Francisco und ließ sein eigenes Fantasie-Geld drucken.

GESCHICHTE AUF EINEN BLICK

1900
San Francisco ist nach New York die bedeutendste Stadt der USA.

1906
Am 18. April um 5.13 Uhr bebt die Erde für 48 Sekunden. Ein fünf Tage andauerndes Feuer zerstört große Teile der Stadt. 700 Menschen verlieren ihr Leben; die Schäden betragen 350 Millionen Dollar.

1915
Das wiederaufgebaute San Francisco präsentiert sich im Rahmen der Panama Pacific Exposition.

1934
Eine Streikwelle erschüttert die Stadt.

1936
Fertigstellung der Oakland Bay Bridge.

1937
Inbetriebnahme der Golden Gate Bridge.

1941
Internierung der japanischen Einwohner infolge des japanischen Angriffes auf Pearl Harbor.

1945
Am 26. Juni wird im Memorial Opera House von Vertretern aus 48 Nationen die Charta der Vereinten Nationen unterzeichnet.

1953
Gründung des City Lights Bookstore als Kristallisationspunkt der literarischen Beat-Generation.

1967
San Francisco ist Zentrum des Summer of Love. Die Hippie-Bewegung nimmt von Haight-Ashbury aus ihren Ausgang.

1978
Am 27. November erschießt ein ehemaliger Stadtrat den Bürgermeister George Moscone und den homosexuellen Supervisor Harvey Milk. Als der Täter 1979 zu einer Minimalstrafe verurteilt wird, kommt es zu Protesten der Homosexuellenszene.

1981
Im Juni wird AIDS als Todesursache einiger verstorbener Homosexueller identifiziert.

1982
Die Cable Car wird wegen Überholungsarbeiten für die Dauer von zwei Jahren stillgelegt.

1989
Am 17. Oktober um 17.04 Uhr wird die Stadt vom Loma-Prieta-Erdbeben erschüttert; ein Segment der Oakland Bay Bridge stürzt ein. Die schwersten Schäden entstehen im Marina District, wo Häuser einstürzen und ein Großbrand ausbricht. In Oakland bricht der doppelstöckige MacArthur Freeway zusammen. 60 Menschen kommen ums Leben, die Schäden betragen acht Milliarden Dollar.

1992
Die in Los Angeles ausgebrochenen Rassenunruhen greifen auch auf San Francisco über.

1996
Einweihung des neu erbauten Museum of Modern Art.

1998/1999
Fertigstellung des Yerba Buena Gardens Project im Stadtteil South of Market.

Ab 2001
Neubau einer erdbebensicheren Bay Bridge nach Oakland.

Sprachführer

Wichtige Wörter und Ausdrücke

ja	yes
nein	no
bitte	my pleasure, you're welcome
danke	thank you
Wie bitte?	Pardon?
Ich verstehe nicht	I didn't understand you
Entschuldigung	Sorry, I beg your pardon, excuse me
Guten Morgen	Good morning
Guten Tag	Hello
Guten Abend	Good evening
Ich heiße ...	My name is ...
Ich komme aus ...	I come from ...
Wie geht's?	How are you?
Danke, gut	Thanks, fine
wer, was, welcher	who, what, which
wie viel	how many, how much
Wo ist ...	Where is ...
wann	when
wie lange	how long
Sprechen Sie Deutsch?	Do you speak German?
Auf Wiedersehen	Good bye
Bis bald	See you soon
heute	today
morgen	tomorrow

Zahlen

null	zero
eins	one
zwei	two
drei	three
vier	four
fünf	five
sechs	six
sieben	seven
acht	eight
neun	nine
zehn	ten
einhundert	one hundred
eintausend	one thousand

Wochentage

Montag	Monday
Dienstag	Tuesday
Mittwoch	Wednesday
Donnerstag	Thursday
Freitag	Friday
Samstag	Saturday
Sonntag	Sunday

Mit und ohne Auto

Wie weit ist es nach ...?	How far is it to ...?
Wie kommt man nach ...?	How do I get to ...?
Wo ist ...?	Where is ...?
– die nächste Werkstatt	– the next garage
– der Bahnhof/ Busbahnhof	– the station/ bus terminal
– die nächste U-Bahn-/ Bus-Station	– the next subway station/ bus terminal
– die Touristeninformation	– the tourist information
– die nächste Bank	– the next bank
– die nächste Tankstelle	– the next gas station
Wo finde ich einen Arzt/eine Apotheke?	Where do I find a doctor/ a pharmacy?
Bitte volltanken	Fill up please
Normalbenzin	Regular gas
Super	Super
Diesel	Diesel
rechts	right
links	left
geradeaus	straight ahead
Ich möchte ein Auto/ein Fahrrad mieten	I would like to rent a car/a bike
Wir hatten einen Unfall	We had an accident
Eine Fahrkarte nach ... bitte	A ticket to ... please
Ich möchte ... Euro in ... wechseln	I would like to change foreign currency

SPRACHFÜHRER

Hotel

Ich suche ein Hotel	I'm looking for a hotel
– eine Pension	a guesthouse
Ich suche ein Zimmer für ... Personen	I'm looking for a room for ... people
Haben Sie noch Zimmer frei?	Do you have any vacancies?
– für eine Nacht	– for one night
– für zwei Tage	– for two days
– für eine Woche	– for one week
Ich habe ein Zimmer reserviert	I made a reservation for a room
Haben Sie zum Wochenende einen Sonderpreis?	Do you offer a special weekend rate?
Wie viel kostet das Zimmer?	How much is the room?
– mit Frühstück	– including breakfast
– mit Halbpension	– half board
Kann ich das Zimmer sehen?	Can I have a look at the room?
Ich nehme das Zimmer	I'd like to have this room
Kann ich mit Kreditkarte zahlen?	Do you accept credit cards?

Restaurant

Die Speisekarte bitte	Could I see the menu please?
Die Rechnung bitte	Could I have the check please?
Ich hätte gern einen Kaffee	I would like to have a cup of coffee
Auf Ihr Wohl	cheers
Wo finde ich die Toiletten (Damen/Herren)?	Where are the restrooms (ladies/gents)?
Kellner	waiter
Frühstück	breakfast
Mittagessen	lunch
Abendessen	dinner

Einkaufen

Wo gibt es ...?	Where do I find ...?
Haben Sie ...?	Do you have ...?
Wie viel kostet das?	How much is this?
Das gefällt mir (nicht)	I like it/I don't like it
Ich nehme es	I'll take it
Geben Sie mir bitte 100 Gramm/ ein Pfund/ ein Kilo	I would like to have one hundred gramm/one pound/ one kilo
Danke, das ist alles	Thank you, that's it
geöffnet/ geschlossen	open/closed
Bäckerei	bakery
Kaufhaus	department store
Markt	market
Metzgerei	butcher's
Haushaltswaren	household supplies
Lebensmittelgeschäft	grocery
Briefmarken für einen Brief/ eine Postkarte nach Deutschland/Österreich/in die Schweiz	stamps for a letter/postcard to Germany/Austria/ Switzerland

Ämter, Banken, Zoll

Haben Sie etwas zu verzollen?	Do you have anything to declare?
Ich möchte einen Reisescheck einlösen	I would like to cash a travellers check
Ich habe meinen Pass/meine Geldbörse verloren	I have lost my passport/my wallet
Ich suche einen Geldautomaten	I am looking for an ATM
Ich möchte nach Deutschland telefonieren	I would like to place a call to Germany

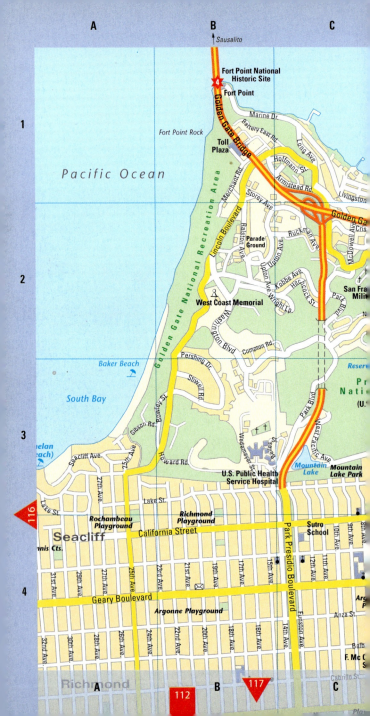

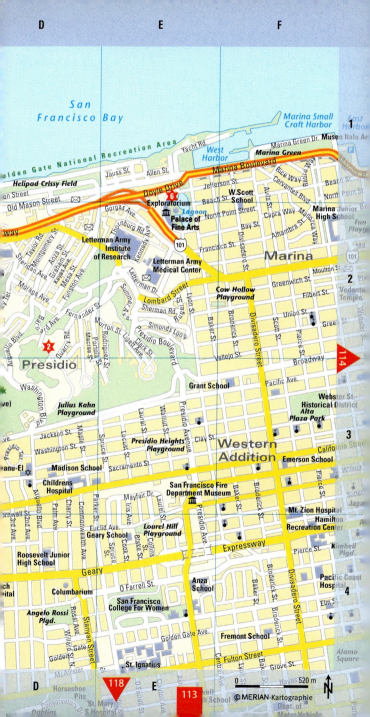

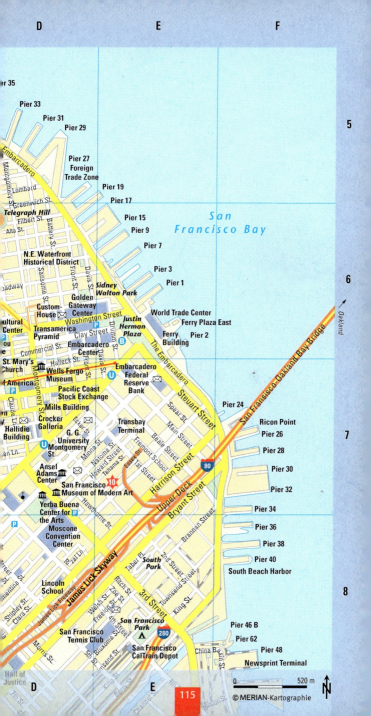

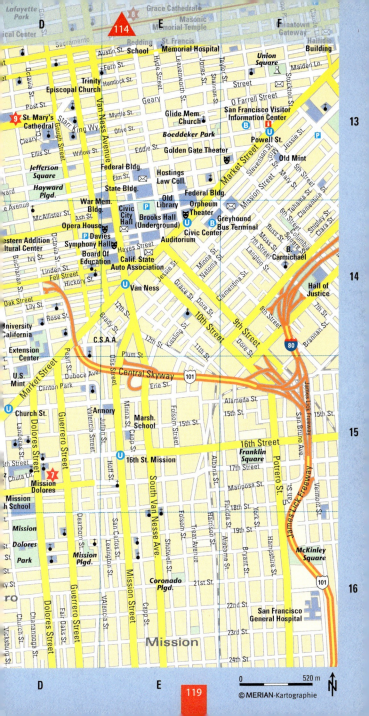

KARTENREGISTER

1st Street E7, 115
2nd Ave. D4, 113
2nd Street E8, 115
3rd Ave. D4, 113
3rd Street E8, 115
4th Ave. D4, 113
4th Street E8, 115
5th Ave. D4, 113
5th St. D8, 115
6th Ave. C4, 112
6th Street D8, 115
7th Ave. C4, 112
7th St. F14, 119
8th Ave. C4, 112
8th Street F14, 119
9th Ave. C4, 112
9th Street F14, 119
10th Ave. C4, 112
10th Street E14, 119
11th Ave. C4, 112
11th St. E14, 119
12th Ave. C4, 112
12th St. E14, 119
14th Ave. C4, 112
14th St. C15, 118
15th Ave. B4, 112
15th St. C15, 118
16th Ave. B4, 112
16th St. C15, 118
17th Ave. B4, 112
17th Street B15, 118
18th Ave. B4, 112
18th St. D16, 119
19th Ave. B4, 112
19th St. D16, 119
20th Ave. B4, 112
20th St. C16, 118
21st Ave. B4, 112
21st St. C16, 118
22nd Ave. B4, 112
22nd St. C16, 118
23rd Ave. B4, 112
23rd St. C16, 118
24th Ave. A4, 112
24th St. F16, 119
25th Ave. A4, 112
26th Ave. A4, 112
27th Ave. A4, 112
28th Ave. A4, 112
29th Ave. A4, 112
30th Ave. A4, 112
31st Ave. A4, 112
32nd Ave. A4, 112
33rd Ave. C11, 116
34th Ave. A4, 112
35th Ave. C9, 116
36th Ave. C12, 116
37th Ave. C12, 116
38th Ave. C12, 116
39th Ave. B12, 116
40th Ave. B12, 116
41st Ave. B10, 116
42nd Ave. B10, 116
43rd Ave. B10, 116
44th Ave. B10, 116
45th Ave. B10, 116
46th Ave. B10, 116
47th Ave. A10, 116
48th Ave. A10, 116

A

Alabama St. F16, 119
Alameda St. F15, 119
Albana St. E15, 119
Alhambra St. F2, 113
Allen St. E1, 113
Alpine Ter. C15, 118
Alta St. D6, 115
Alvara Do St. B16, 118
Amazon Ave. A15, 118
Anza St. C4, 112
Arguello Blvd. C3, 112
Armistead Rd. C1, 112
Ash St. B8, 114
Ashbury St. B15, 118
Ashbury Ter. B14, 118
Austin St. B7, 114
Avila St. F2, 113

B

Baker St. F4, 113
Balboa Street C4, 112
Barnard Ave. D2, 113
Battery East Rd. B1, 112
Battery St. D6, 115
Bay St. F2, 113
Beach St. E1, 113
Beale Street E7, 115
Beaver St. C15, 118
Belles St. B3, 112
Belvedere St. B15, 118
Bernard St. C6, 114
Beulah St. A15, 118
Blake St. E4, 113
Bluxome St. D8, 115
Bowley St. B3, 112
Brady St. E14, 119
Brannan St. F14, 119
Broadway F3, 113
Broderick St. F4, 113
Brooklyn Pl. D7, 115
Bryant St. F16, 119
Bryant Street E7, 115
Buchanan St. A8, 114
Buena Vista Ave. East.
B15, 118
Buena Vista Ter. B15, 118
Bush Street A7, 114

C

Cabrillo St. B10, 116
California Street B4, 112
Capp St. E15, 119
Capra Way F2, 113
Carmel St. B16, 118
Caselli Ave. B16, 118
Castro St. C16, 118
Central Ave. F4, 113
Central Skyway E15, 119
Cervantes Blvd. F2, 113
Chain Of Lakes Dr. B11, 116
Chananooga St. D16, 119
Cherry St. D4, 113
Chestnut St. A6, 114
China Basin St. E8, 115
Christopher Dr. A16, 118
Church St. D16, 119
Chuta Ln D15, 119

Clara St. D8, 115
Clarendon Avenue A16, 118
Clark St. E2, 113
Claude Ln. D7, 115
Clay St. E3, 113
Clayton Ave. B14, 118
Clayton St. B15, 118
Cleary Ct. A8, 114
Clement St. A10, 116
Clementina St. D8, 115
Clifford Ter. B15, 118
Clinton Park D15, 119
Cole St. A15, 118
Collingwood street C16, 118
Collins St. E4, 113
Columbia Square St. D8, 115
Columbus Avenue C6, 114
Commercial St. D6, 115
Commonwealth Ave. D4, 113
Compton Rd. B2, 112
Conservatory Dr. East. A14, 118
Cook St. E4, 113
Corbett Ave. B16, 118
Cornwall St. D4, 113
Corona St. C16, 118
Crissy Field C2, 112
Cross Over Drive D11, 117
Cumberland St. D16, 119

D

Davis St. E7, 115
Dearborn St. D16, 119
Delmar St. B15, 118
Devonshire F12, 117
Diamond St. C16, 118
Divisadero St. F2, 113
Dolores Street D16, 119
Dore St. E14, 119
Douglass St. C15, 118
Downey St. B15, 118
Doyle Drive E1, 113
Drumm St. E6, 115

Duboce Ave. C15, 118

E

Ecker St. D7, 115
Eddie St. A8, 114
El Camino Dal Mar A9, 116
Ellis St. A8, 114
Elm St. F4, 113
Erie St. E15, 119
Essex St. E7, 115
Euclid Ave. E4, 113
Eureka St. C16, 118

F

Fair Oaks St. D16, 119
Fell Street B8, 114
Fern St. B7, 114
Fernandez St. D2, 113
Filbert St. F2, 113
Fillmore St. A8, 114
Florida St. F16, 119
Folsom St. E16, 119
Ford St. C15, 118
Francisco St. E2, 113
Franklin Street B6, 114
Frederick Street A15, 118
Freelon St. E8, 115
Fremont School E7, 115
Front St. D7, 115
Fulton Street F4, 113
Funston Ave. C4, 112

G

Geary Boulevard A4, 112
Geary Expressway E4, 113
Geary Street C7, 114
Germania St. D15, 119
Gibson Rd. A3, 112
Golden Gate D4, 113
Golden Gate Ave. E4, 113
Golden Gate Bridge B1, 112
Golden Gate Bridge Freeway C2, 112
Gorgas Ave. E2, 113
Gough St. B7, 114

Grace St. E14, 119
Graham St. D2, 113
Grand View Ave. B16, 118
Grant Ave. C6, 114
Grattan St. A15, 118
Green St. F2, 113
Greenwich St. F2, 113
Grove St. F4, 113
Guerrero Street D16, 119

H

Haight St. C14, 118
Halleck St. D7, 115
Hampshire St. F16, 119
Hancock St. D16, 119
Harrison St. E16, 119
Hartford St. C15, 118
Hawthorne St. D7, 115
Hayes Street C14, 118
Hemlock St. B7, 114
Hermann St. D15, 119
Hickory St. B8, 114
Hill St. C16, 118
Hitchcock St. C2, 112
Hoff St. E15, 119
Hoffmann St. C1, 112
Howard Rd. B3, 112
Howard Street E7, 115
Hugo St. F11, 117
Hyde St. B6, 114
Hyde Street B7, 114

I

Infantry Ter. D2, 113
Iris Ave. E3, 113
Irving St. A15, 118
Ivy St. A8, 114

J

Jackson St. C3, 112
James Lick Freeway D8, 115
James Lick Skyway D8, 115
Jasper Pl. C6, 114
Jauss St. E1, 113
Jefferson St. E1, 113
Jessie St. C8, 114

KARTENREGISTER

John F. Kennedy Dr. A11, 116
Johnstone Dr. A16, 118
Joice St. C7, 114
Jones St. C7, 114
Judah St. C12, 116
Julian St. E15, 119

K

Kearny St. D6, 115
Kennedy Ave E2, 113
Keyes Ave. D2, 113
Kezar Drive A15, 118
Kirkham St. E12, 117
Kissling St. E14, 119
Kobbe Ave. C2, 112

L

La Playa A12, 116
Laguna St. A6, 114
Lake St. A3, 112
Landeres St. D15, 119
Langton St. C8, 114
Larkin St. B6, 114
Laurel St. E3, 113
Lawton St. B12, 116
Leavenworth St. B6, 114
Leglon Of Honor Dr. C9, 116
Letterman Dr. E2, 113
Levant St. B15, 118
Lexington St. E16, 119
Liberty St. C16, 118
Ligett Ave. E2, 113
Lily St. D14, 119
Linares Ave. F12, 117
Lincoln Boulevard B2, 112
Lincoln Way B11, 116
Linden St. B8, 114
Livingston St. C1, 112
Locksley Ave. F12, 117
Locust St. E3, 113
Lombard D5, 115
Lombard St. B6, 114
Long Ave. C1, 112
Lyon St. F4, 113

M

Macrae St. D2, 113
Magnolia St. A6, 114
Maiden Ln. D7, 115
Main Street E7, 115
Mallorca Way F2, 113
Maple St. C3, 112
Marina Blvd. A5, 114
Marina Boulevard F1, 113
Marina Green Dr. F1, 113
Marine Dr. B1, 112
Mariposa St. F15, 119
Market Street C8, 114
Martin Luther King Jr. Dr. C11, 116
Marview Way A16, 118
Mary St. D8, 115
Mason St. C6, 114
Masonic Ave. B15, 118
Mayfair Dr. E3, 113
McAllister St. B8, 114
McDowell Ave. C2, 112
Merchant Rd. B1, 112
Merrte Way A9, 116
Mesa St. D2, 113
Middle Dr. East. F11, 117
Middle Drive West. C11, 116
Minna St. C8, 114
Mint St. C8, 114
Mission Street C8, 114
Montgomery St. D2, 113
Moraga Ave. D2, 113
Moraga St. D12, 117
Morris St. D8, 115
Morton St. E2, 113
Moss St. C8, 114
Moulton St. F2, 113
Mountain Lake Pk. A16, 118
Museum Way C15, 118
Myrtle St. B7, 114

N

Natoma St. C8, 114
Naumann Rd. C2, 112
Noe St. C16, 118
Noriega St. C12, 116
North Point Street F2, 113

O

O Farrell Street C7, 114
Oak Park F12, 117
Oak Street B14, 118
Octavia St. B8, 114
Old Mason Street D2, 113
Olive St. B8, 114
Ord Ct. B15, 118
Ortega St. E12, 117
Otis Street E15, 119

P

Pacheco St. E12, 117
Pacific Ave. F3, 113
Page St. B15, 118
Palm Ave. D4, 113
Panorama Dr. A16, 118
Park Blvd. C3, 112
Park Presidio Boulevard C4, 112
Parker St. C3, 112
Parnassus Ave. A15, 118
Pearl St. D14, 119
Pershing Dr. B3, 112
Pfeiffer St. C5, 114
Pierce St. F4, 113
Pine Street A7, 114
Piper Loop C2, 112
Pixley A6, 114
Plum St. E14, 119
Polk St. B6, 114
Pona St. C15, 118
Portola St. D2, 113
Post St. A7, 114
Potrero St. F15, 119
Powell St. C6, 114
Presidio Avenue E3, 113
Presidio Boulevard E2, 113
Presidio Ter. D3, 113

Q

Quarry Rd. D2, 113

R

R. Levy Tunnel B6, 114
Ralston Ave. B2, 112
Retiro Way F1, 113
Rice Way F1, 113
Ritch St. E8, 115
Rivoli St. B15, 118
Rizal Ln. D8, 115
Rodriguez St. E2, 113
Roosevelt Wy. B15, 118
Rooseverr Way St. C15, 118
Rose St. D14, 119
Rossi Ave. D4, 113
Ruckman Ave. C2, 112
Ruger St. E2, 113
Russ St. C8, 114

S

Sacramento St. E3, 113
San Bruno Ave. F15, 119
San Carlos St. E16, 119
San Francisco-Oakland Bay Bridge F7, 115
Sanchez St. C15, 118
Sansome St. D6, 115
Saturn St. B15, 118
Schrader St. A15, 118
Scott St. F2, 113
Seacliff Ave. A3, 112
Seward St. C16, 118
Shannon St. C7, 114
Sheridan Ave. D2, 113
Sherman Rd. E2, 113
Shipley St. D8, 115
Shotwell St. E16, 119
Shrader St. A16, 118
Simonds Loop E2, 113
Skyview Way A16, 118
South Van Nesse Ave. E15, 119
Spear St. E7, 115
Spruce St. E4, 113
Sreckels Lake Dr. C10, 116
St. Germain Ave. B16, 118
Stanyan St. A16, 118
Stanyan Street D4, 113
Starr King Wy. B7, 114
States St. B15, 118
Steiner St. A8, 114
Steuart Street E7, 115
Stevenson St. C8, 114
Stiwell Rd. B3, 112
Stockton St. C6, 114
Storey Ave. B1, 112
Summer Ave. E2, 113
Sunset Blvd. C12, 116
Sutter St. A7, 114

T

Taber Pl. E8, 115
Taylor Rd. D2, 113
Taylor St. C7, 114
Tehama St. D8, 115
The Embarcadero E7, 115
Thomas Ave. D2, 113
Thornburg Rd. E2, 113
Townsend St. E8, 115
Townsend Street E8, 115
Treat Avenue E16, 119
Turk Boulevard A8, 114
Twin Peaks Blvd. B16, 118

U

Union St. F2, 113
Upper Deck E7, 115
Upper Ter. B15, 118
Upton Ave. B2, 112
Utah St. F15, 119

V

Valencia Street D15, 119
Vallejo St. F2, 113
Van Ness Avenue B7, 114
Vermont St. F15, 119
Vicksburg St. D16, 119

W

Waller St. B15, 118
Walnut St. E3, 113
Walter St. A15, 118
Warren Dr. A16, 118
Washington Blvd B2, 112
Washington Street D6, 115
Webster St. A6, 114
Wedemeyer St. B3, 112
Welsh St. E8, 115
West Pacific Ave. C3, 112
Willard St. A15, 118
Willard St. N. D4, 113
Willow St. B8, 114
Wilmot St. A7, 114
Woodland Ave. A15, 118
Wright Lp. C2, 112

Y

Yacht Rd. E1, 113
York St. F16, 119

Z

Zoe St. E8, 115

Orts- und Sachregister

Hier finden Sie alphabetisch aufgeführt alle in diesem Band beschriebenen Sehenswürdigkeiten und Museen, Hotels (H) und Restaurants (R). Außerdem enthält ds Register wichtige Stichworte sowie alle MERIAN-Tipps und Extras dieses Reiseführers. Wird ein Begriff mehrfach aufgeführt, verweist die **fett** gedruckte Zahl auf die Hauptnennung im Band.

A

Abendunterhaltung 58
Adelaide Inn (H) 15
Alamo Square 30
Alcatraz 30
Alioto's (R) 22
All you Knead (R) 24
American Indian Contemporary Arts 49
Angel Island 31
Año Nuevo State Reserve 92
Anreise 98
Ansel Adams Center for Photography 47, **49**
A. P. Hotaling & Company 71
Arzt 102
Asian Art Museum 38, **49**
Assay Office 71
Ausflüge 64, 80, 84, 88, 92
Auskunft 99
Autofahren 98, 105

B

Bagdad Cafe (R) 24
Bank of Canton 68
Bars 58
Barbary Coast Trail (MERIAN-Tipp) 46
Basic Brown Bear Factory 62
Bay Area Discovery Museum 50
Beck's Motor Lodge (H) 17
Bed & Breakfast 15
Berkeley 80, **82**
Bevölkerung 99
Big Basin Redwoods State Park 93
Big Sur 92
Black Cat Cafe 72
Blue Wind Inn (Sonoma) 91
Bodega Bay 86
Bolinas Lagoon 84
Bücher 54
Buddha's Universal Church 66

C

Cable Cars 31
Cafe de la Presse (R) 24
Cafe Prague (R) 24
Caffè Trieste (R) **24**, 72
Cafés 24
California Academy of Sciences (MERIAN-Tipp) 38, **52**
California Palace of the Legion of Honor 49, **50**
Calistoga 89
Calzone's (R) 22
Campo Santo (R) 22
Canessa Building 72
Cannery 32
Carlos-Santana-Mural 77
Cartoon Art Museum 62
Castro District 32
Cesar Chavez School 77
Chateau Tivoli (H) 15
China Beach 32
Chinatown 46, **66**
Chinese Free Masonry 69
Chinese Historical Society of America 50
Chinese Laundry Association 69
Church of Saints Peter and Paul 74
City Hall (Sonoma) 91
Civic Center 34
Cliff House 34
Coit Tower **34**, 44, 72
Columbus Tower 72
Computer 54
Consolidated Benevolent Association 70

D

Davenport 93
Diego-Riviera-Gallery 75
Diplomatische Vertretungen 99
Diskotheken 59
Dottie's True Blue Cafe (R) 24

E

Einkaufen 53
El Arroyo Laundromat 77
Embarcadero 46
Embarcadero Center Skydeck 35
Entfernungstabelle 31
Erotika 54
Essdolmetscher 26
Essen und Trinken 18
Exploratorium 41, **62**

F

Factory Outlets 53
Fahrräder 105
Fairmont (H) 41
Feiertage 99
Feste 99
First Chinese Baptist Church 68
Fisherman's Wharf **35**, 63
Fitzgerald (H) 15
Flughafen 98
Flugverbindungen 98
Fog City Diner (R) 22
Fonatana della Tartarughe 41
Forestville 87
Fort Mason 35
Fotografieren 101
Freizeit-Medienzentrum Zeum (MERIAN-Tipp) 63
Führungen 102

ORTS- UND SACHREGISTER

G
Galerien 48, **52**
Geld 102
Geschenke 54
Geschichte 108
Getränke 18
Gewichte 102
Ghirardelli Square 36
Glen Ellen 90
Gold Mountain Monastery 68
Golden Gate Bridge 36
Golden Gate Fortune Cookie Factory 69
Golden Gate Park 36
Grace Cathedral **36**, 41
Grace Marchant Gardens **35**, 74
Grant Plaza Hotel (MERIAN-Tipp) 16
Greens (R) 22
Guerneville 87

H
Haas-Lilienthal House 38
Haight-Ashbury 39
Haunted Gold Mine 63
Healdsburg 87
Highway 1 92
Hostelling International San Francisco (H) 15
Hotels 12, **15**
Hotel Bohéme 16
Hotel Sheehan 16
Hotel Triton 16
House of Happy Walls 90
Hyatt Regency (H) 16
Hyde Street Pier 39

I
Inn on Castro (H) 16
Internet 102

J
Jack London Museum (Oakland) 80
Jack London State Historic Park 90
James D. Phelan Beach 32
Japantown 39
Jessie's Restaurant 22
Jewish Museum 47
John's Grill (R) 22
Jugendherbergen 15

K
Kam Po (R) 22
Kaufhäuser 54
Keramik 57
Kinder 56, **62**
Kinos 59
Kleidung 102
Klima 104
Kneipen 59
Kong Chow Temple **40**, 70
Konsulate 99
Konzerte 60
Kuriositäten 56
Kyo-Ya (R) 22

L
Lesetipp 10
Little Italy 71
Lombard Street 40
Lori's Diner (R) 23
Lyle Tuttle's Tattoo Art Museum 74

M
Make A Circus 62
Mark Abbott Memorial Surfing Museum (Santa Cruz) 94
Mark Hopkins International (H) 41
Masa's (R) 23
Masonic Temple Auditorium 41
Mafle 102
McPherson Center for Art & History (Santa Cruz) 94
Medieval Dungeon 63
Medizinische Versorgung 102
Mel's Drive In (R) 23
MERIAN-Lesetipp 10
Mexican Bus (MERIAN-Tipp) 59
Mexican Museum 36, 47, **50**
Mietwagen 105
Mission District 7, **76**
Mission Dolores **40**, 76
Mission Dolores Basilika **40**, 76
Mode 56
Monterey 92
Montgomery Block 71
Moose's Cafe & Bar (R) 23
Motels 17
MUNI-Pass (MERIAN-Tipp) 106
Murals 78
Murals in der Balmy Street 40
Musée Mecanique **34**, 63
Museen 48
Museo ItaloAmericano 36
Musik 57
Musikladen Ritmo Latino (MERIAN-Tipp) 57
Musiklokale 60

N
Napa 88
Napa Valley 88
Napa Valley Wine Train 89
National Maritime Museum 39, 46, **50**
Nebenkosten 103
New Sun Hong Kong (R) 23
Nob Hill 41
North Beach 71
Notruf 103

O
Oakland 80
Oakland International Airport 98
Oakland Museum of California 82
Oakville Grade 90
Öffentliche Verkehrsmittel 106
Old Faithful Geyser 90
Old Mint 46
Old St. Mary's Church 66
Olema 85

ORTS- UND SACHREGISTER

P
Palace of Fine Arts 41
Pescadero 93
Petit Auberge (H) 16
Petrified Forest 90
Phoenix Hotel 17
Pier 39, **41**, 63
Point Reyes National Seashore 86
Porzellan 57
Post 103
Preisklassen (H) 14
Preisklassen (R) 20
Presidio 42

R
Rauchen 103
Red Victorian Bed, Breakfast & Art (H) 16
Reisedokumente 103
Reisewetter 103
Restaurant Bix (MERIAN-Tipp) 23
Restaurants 22
Ripley's Believe It or Not Museum 63
Rock, The 30

S
Saint Mary's Cathedral 42
San Francisco Art Institute **50**, 75
San Francisco Children's Art Center 36
San Francisco Craft & Folk Art Museum 36
San Francisco Experience 41
San Francisco International Airport 98
San Francisco Marriott (H) 17
San Francisco Museum of Modern Art 47, 49, **52**
San Francisco Solano de Sonoma 91
San Francisco Zoo 63
San Francisco-Oakland Bay Bridge 42
San Miguel Restaurant 23
San-Andreas-Spalte 85
Santa Barbara 92
Santa Cruz 93
Sather Tower (Berkeley) 82
Sausalito 36
Schuhe 57
Sebastopol 87
Shuttle-Bus (MERIAN-Tipp) 98
Sing Fat Building 68
Six Sisters 30
Sonoma 91
Sonoma Barracks 91
Sonoma Coast State Beach 86
Sonoma Valley 88, 90
South of Market 10
Spaziergänge 64, 66, 71, 76
Sport 104
Sprachführer 110
St. Francis Hotel 46
St. Gregory (H) 41
St. Helena 89
St. Johannes-Kirche 77
Steamship Point 93
Stinking Rose (R) 23
Stinson Beach 84
Stromspannung 104
Strybing Arboretum 38
Swanton 93

T
Tandoori Mahal (R) 24
Taxis 106
T'ein Hou Temple 68
Telefon 105
Telegraph Avenue (Berkeley) 82
Telegraph Hill 44
Theater 60
The Rock 30
Touren 102
Transamerica Pyramid **44**, 71
Tribune Tower (Oakland) 82
Trinkgeld 105
24 Henry (H) 15
24th Street 78
Twin Peaks 44

U
Underwater World 44
Union Square 46
University of California (Berkeley) 82
Unterkünfte 12
USS Pampanito 46

V
Verkehrsverbindungen 105
Vesuvio's Cafe 72
Veteran's Building 34
Virgin Megastore 57

W
Wandbilder **40**, 77, 78
Washington Square Inn (H) 15
Wax Museum 63
Wechselkurs 103
Wegzeiten 31
Wells Fargo History Museum 46
Westin St. Francis (H) 17
Wetter 103
Wirtschaft 106
Wolf House 91
Women's Building 76

Y
Yerba Buena 46
Yerba Buena Center for the Arts 47
Yerba Buena Gardens **47**, 49

Z
Zeitung 106
Zeitverschiebung 107
Zoll 107
Zoo 63
Zugverbindungen 98
Zuni Cafe & Grill (R) 24

MERIAN
Die Lust am Reisen.

Jetzt im Buchhandel: das MERIAN-Heft Kalifornien

Land gigantischer Städte und grandioser Natur.
Auf dem Highway Number One North von
L.A. nach San Francisco. Landschaftsimpressionen
am Pazifik. Kunstmetropole Los Angeles.
Traumhafte Nationalparks.

Über 100 weitere Titel im Buch- und Zeitschriftenhandel

IMPRESSUM

Liebe Leserinnen und Leser,

Sie haben die komplett aktualisierte Neuausgabe 2002 von MERIAN live! vor sich, die von unserem Autor vor Ort nachrecherchiert wurde. Wir freuen uns, Ihre Meinung zu diesem Reiseführer zu erfahren. Bitte schreiben Sie uns, wenn Sie Berichtigungen und Ergänzungsvorschläge haben oder Ihnen etwas besonders gut gefällt.

Gräfe und Unzer Verlag, Reiseredaktion, Postfach 86 03 66, 81630 München
E-Mail: merian-live@graefe-und-unzer.de

Alle Angaben in diesem Reiseführer sind gewissenhaft geprüft. Preise, Öffnungszeiten usw. können sich aber schnell ändern. Für eventuelle Fehler übernimmt der Verlag keine Haftung.

Redaktion: Christof Klocker
Kartenredaktion:
Reinhard Piontkowski

**Bei Interesse an Karten aus MERIAN-Reiseführern schreiben Sie bitte an: iPublish GmbH, geomatics, Berg-am-Laim-Straße 47, 81673 München.
E-Mail: geomatics@ipublish.de**

Gestaltung: Ludwig Kaiser
Karten: MERIAN-Kartographie
Produktion: Maike Harmeier
Satz: H3A GmbH, München
Druck und Bindung: Stürtz AG, Würzburg

Alle Fotos Plus 49/Feldhoff & Martin außer:
K. Dohnke 83;
H. Dressler/look 2, 87, 95

ISBN 3-7742-0569-8

Gedruckt auf Luxosamtoffset von Schneidersöhne Papier.

Alle Rechte vorbehalten. Nachdruck, auch auszugsweise, sowie die Verbreitung durch Film, Funk, Fernsehen und Internet, durch fotomechanische Wiedergabe, Tonträger und Datenverarbeitungssysteme jeglicher Art nur mit schriftlicher Genehmigung des Verlages.

© Gräfe und Unzer Verlag GmbH, München

Auflage   5.   4.   3.   2.   1.